Le Petit Debeur

des vins, bières, cidres et spiritueux

19e
ÉDITION

Éditions Debeur ltée

Couverture :
Maquette de la couverture : Jean BUREAU
Photo de la couverture : Charles-Henri DEBEUR
Photo de Jessica HARNOIS, spécialiste produits et
gestion de la Cave de garde à la Société des alcools
du Québec, secteur Développement et recherche
de produit

Distribution :
Éditions Debeur ltée
855, rue Verdure, Brossard QC J4W 1R6
Tél.: 450-465-1700
Télécopieur : 450-466-7730
Site Internet : www.debeur.com

Dépôts légaux : Bibliothèque nationale du Canada et Bibliothèque
nationale du Québec, 4e trimestre 2007. ISBN 978-2-921377-48-5

SOMMAIRE

Sommaire	3
Introduction - Avertissement	5
La Femme et le vin	7
Revue vinicole	**11**
Sélections Mondiales des Vins	12
Servir une bonne bière	28
Livres	31
Le Var	37
Nouveaux arrivages SAQ	41

GUIDE D'ACHAT
Sélection 2008   55

Présentation de l'équipe de dégustation	**56**
Symboles	60
Appellations	61
Vins blancs	**62**
Vins blancs à moins de 12$	62
Vins blancs de 12$ à 20$	65
Vins blancs à 20$ et plus	77
Vins blancs doux	**85**
Vins mousseux et Champagnes	**86**
Vins mousseux et Champages à moins de 50$	86
Vins mousseux et Champages à 50$ et plus	90
Vins rosés	**92**
Vins rouges	**98**
Vins rouges à moins de 12$	98
Vins rouges de 12$ à 20$	102
Vins rouges à 20$ et plus	124
Les appellations du Porto	**140**
Vins fortifiés	**141**
Bières	**146**
Adresses bières en fût	146
Introduction	147
Bières blanches	148
Bières blondes	150
Bières blondes fortes	155
Bières rousses	158
Bière brune	162
Bières brunes fortes	163
Bières noires	165
Bière noire forte	166
Bières aromatisées	166

Cidres.. **168**
À propos du cidre 169
Définition du cidre de glace 171
Cidres mousseux et pétillants........................ 172
Cidres de glace 174
Mistelle de pommes 182

Comment déguster un Cognac **183**

Spiritueux et apéritifs.............................. **184**

Index.. 191
Index alphabétique 192
Index par pays 197
Index par code SAQ 207

Vins et gastronomie sur Internet.............. **210**

GUIDE PRATIQUE   211

Achat des vins.. **213**

Les principes de base................................ **215**
Température du vin
Le débouchage
La décantation

Le service du vin.. **221**
Quelle quantité servir
Combien de bouteilles
Ordre des vins
Quels verres utiliser
Le service du vin au restaurant
La contenance des bouteilles

La dégustation **227**
Comment l'aborder
L'aspect, l'arôme, le goût
Griserie ou sobriété
Prendre le temps
Fiche de dégustation

Accord des mets et des vins **235**

La conservation **243**
Une bouteille entamée
La cave, le cellier...

Les amis du dégustateur............................ **249**
Les boutiques spécialisées
Cours et dégustation de vins et de bières

Carte des millésimes **251**

MOT DE L'ÉDITEUR

Une passion, un plaisir

De plus en plus de Québécois se passionnent pour le vin et la bière. Certains sont déjà d'excellents dégustateurs, d'autres aimeraient bien le devenir. Notre propos, dans cet ouvrage, n'est pas de faire de vous des sommeliers professionnels ni des experts en oenologie, mais plutôt de vous aider à faire de meilleurs choix lors de vos achats, tout en vous renseignant sur le service et la méthode de dégustation des vins.

Revue vinicole

La première partie de ce livre vous offre la **Revue vinicole** qui passe en revue (c'est le cas de le dire) les nouvelles de l'année. Vous y trouverez de courtes entrevues avec des personnalités, des essais, des destinations ou excursions vineuses, etc. Nous avons mis en évidence le côté informatif, ce qui explique aussi le titre de cette rubrique **Revue vinicole**.

Sélection de vins, bières, cidres et spiritueux

La deuxième partie de ce guide vous propose une **Sélection de vins, bières, cidres et spiritueux** qui est modifiée chaque année. Elle regroupe des produits vendus au Québec qui ont été choisis par quatre dégustateurs d'expérience. **Tous les produits sont présentés par ordre de prix, du moins cher au plus cher.** Cela permet au consommateur d'orienter ses choix non seulement en fonction de ses goûts, mais aussi de son budget.

"Meilleur choix" des dégustateurs

De plus, on sélectionne une certaine quantité de produits parmi ceux déjà choisis dans la sélection, qui sont désignés par les dégustateurs comme étant leur **"meilleur choix"**, leur coup de coeur en quelque sorte.

Guide pratique

La dernière partie de cet ouvrage comprend un **"guide pratique"** sur le service du vin, la cave, le vocabulaire pour en parler, la fiche de dégustation, les accords avec les mets, etc.

Note sur les millésimes

Les millésimes (années des récoltes) des vins indiqués dans notre **Sélection** sont ceux des produits qui étaient en vente au moment de la dégustation. **Il se peut que ces derniers soient épuisés et qu'une année plus récente les ait remplacés ou que le prix ait changé.** Néanmoins, les descriptions et les commentaires qui sont donnés devraient déjà permettre de vous faire une bonne opinion au moment de vos achats.

Nous espérons que cet ouvrage, qui est à la fois un **guide d'achat** et un **guide pratique**, vous fera faire de belles découvertes et que, compagnon de vos recherches, il vous procurera beaucoup de plaisir.

Au sujet des notes d'appréciation

De même qu'il est difficile de commenter un vin dans un guide annuel, *il est encore plus difficile de lui attribuer une note à cause du côté précis, rigoureux et sans nuance de celle-ci. Entre le moment où le vin a été dégusté, apprécié, commenté et le moment où le livre est publié, il se passe un certain délai pouvant atteindre plusieurs mois, voire même un an, qui fait que le produit aura évolué, peut-être en bien... ou en mal.*

Cet exercice (donner des notes) est beaucoup plus facile à réaliser et surtout plus proche de la réalité lorsqu'on publie le commentaire d'une dégustation dans un quotidien, un hebdomadaire ou encore un bimensuel comme nos **Lettres Gastronomiques***, puisque le moment qui sépare la dégustation de celui de la publication est très court.

Donc, jusqu'à ce que l'on ait trouvé le protocole de notation adéquat pour un guide **annuel**, nous ne mettrons pas de note à nos choix, sauf en ce qui concerne la section des nouveaux arrivages, car les dates des dégustations y sont mentionnées et les évaluations sont reliées à ces dates.

Thierry Debeur
Éditeur

*: *voir information à la dernière page de cet ouvrage.*

Jessica Harnois, spécialiste Produits & Gestions de la Cave de Garde à la SAQ *(Photo Charles-Henri Debeur)*

La Femme et le vin

Par Monique Girard-Solomita

Elle est bien révolue l'époque où le monde du vin était une affaire d'homme. De nos jours, l'univers viticole intéresse tout autant les femmes et plusieurs y font carrière.

Qu'elles soient propriétaires, vigneronnes, oenologues, sommelières, conférencières ou consommatrices de ce doux nectar, les femmes s'intéressent au domaine du vin. Les cours de sommellerie sont fréquentés par les deux sexes. On voit de plus en plus de concours de sommellerie remportés par des candidates. En restauration et dans les établissements hôteliers, le conseiller en vin est bien souvent une sommelière. Au ***Beaver Club***, le restaurant (★★★★ Guide Debeur et Quatre Diamants CAA-AAA) de l'hôtel *Fairmont Le Reine Elisabeth,* on a engagé la sommelière **Lianne Castravelli**. Le 7 septembre 2007, Mme Castravelli a remporté la deuxième place au *Concours international des Jeunes sommeliers* (édition inaugurale) à Frankfort, en Allemagne. La sommelière **Élyse Lambert**, gagnante du *Concours du meilleur sommelier du Québec*, en 2004, travaille au restaurant ***XO*** (★★★★ Debeur) à l'hôtel *Le Saint-James* du Vieux-Montréal.

Jessica Harnois, un cas d'espèce

Mais il y a plus, un signe que cette tendance est bien installée et irréversible. Voici que de jeunes femmes, bien formées et compétentes en oenologie, occupent des postes administratifs importants dans ce domaine. Le cas de **Jessica Harnois** est des plus éloquents. Âgée de 28 ans seulement, cette sommelière occupe depuis mars 2007 le poste de *Spécialiste Produits & Gestions de la Cave de Garde* à la **Société des alcools du Québec (SAQ)**, secteur Développement et recherche de produits. Elle est l'unique responsable de la *Cave de garde* de la SAQ qui contient 75 000 bouteilles dont certaines valent plus de 10 000$. Madame Harnois est la relève de **Denis Marsan** qui occupe le poste de directeur du service: Développement et recherche de produits.

Parcours impressionnant

Certes, le parcours de cette québécoise est impressionnant. Elle compte déjà plus de 12 années d'expérience dans le milieu de la restauration et a été sommelière dans les plus grands établissements du monde. À 18 ans, elle suit un cours de spiritueux à l'*Institut de tourisme et d'hôtellerie du Québec* et entreprend un baccalauréat en Communication à l'*Université du Québec* à Montréal. Durant ses études, elle travaille plus de quatre ans comme assistante sommelière au restaurant **Toqué!** (★★★★ Debeur). La jeune femme décide ensuite de quitter le pays pour voyager un peu partout. Elle se rend jusqu'en Australie où elle devient sommelière chez **Tetsuya's**, à Sydney (classé 5e meilleur restaurant au monde en 2007). À Chicago, elle a œuvré à titre de sommelière au restaurant de **Charlie Trotter** (30e meilleur restaurant au monde en 2007). « J'ai commencé vers l'âge de sept ans à m'intéresser au monde du vin en goûtant ici et là avec ma mère au restaurant *Chez Marleau*, rue Roy, où nous allions souvent», relate-t-elle.

Aujourd'hui, elle gagne sa vie en dégustant tous les jours des vins dans la catégorie haut de gamme (50$ et plus), car c'est elle qui les achète pour la SAQ. «Jeune, j'aimais le vin et je n'ai jamais cessé. J'aime le plaisir des sens», lance la jeune femme svelte, vêtue d'un pantalon capri et d'un chemisier décontracté, rencontrée à son bureau de la SAQ, rue Delorimier. Sa chevelure brun foncé qui retombe sur ses épaules, encadre un visage sans maquillage au sourire communicatif et aux yeux pétillants comme du champagne. On est à mille lieux de l'image du sommelier guindé, snob et un peu distant.

À son avis, les femmes apportent une fraîcheur dans le monde du vin. Au sujet de la présence féminine de plus en plus importante dans ce domaine, Jessica Harnois constate: «Les femmes sont professionnelles et passionnées, sérieuses, communicatives et moins "collet monté" que certains collègues masculins. Avec elles, tu t'en tiens vraiment au vin. Il y a moins d'égo». Celle qui poursuit sa maîtrise en sommellerie aux États-Unis (Master Sommeliers) estime que les femmes ont un nez extraordinaire. «Les femmes sont des êtres de sens et le vin touche tous les sens, ça va avec elles. De plus, elles sont très humaines, ce qui ramène l'aspect convivial du vin. Les femmes ont fait des pas de géant dans ce domaine.

Une femme *Meilleur sommelier du Canada en 2006*

C'est d'ailleurs une femme, **Véronique Rivest**, une sommelière de la région de l'Outaouais, qui a obtenu le titre de *Meilleur sommelier au Canada* en 2006. Elle était alors à sa 4e participation et ce fut la bonne.

Âgée de 41 ans, Madame Rivest se considère un peu comme la doyenne de la génération montante des sommelières québécoises. «On se tient ensemble, on est un petit groupe de femmes qui nous préparons à des concours, qui effectuons des voyages viticoles», précise-t-elle. Et les concours, Véronique Rivest connaît bien. Elle s'est classée parmi les dix premiers au récent concours des meilleurs sommeliers du monde tenu à Rhodes, en Grèce. «J'ai connu une bonne année», dit-elle. La sommelière songe sérieusement à le refaire même si c'est un investissement énorme de temps et d'argent, car c'est un domaine qui évolue très vite. Heureusement, elle adore étudier et effectuer de la recherche.

Elle est aussi tombée dans le nectar du vin lorsqu'elle était jeune. «J'ai toujours aimé bien boire et bien manger. Quand j'étais petite, je mettais tout dans la bouche. Il y a quelque chose chez moi qui passe par le goût». Faut-il avoir une prédisposition innée pour devenir spécialiste du vin? La sommelière répond que c'est surtout une question de pratique. «Un peu comme la mémoire, ça se développe».

Tout comme Jessica Harnois, elle convient que les femmes ont un nez extraordinaire. D'ailleurs, des études soutiennent que les femmes sont de meilleures goûteuses que les hommes. Peut-être est-ce dû au bagage génétique, donne-t-elle comme explication. La femme a été longtemps dans la cuisine à développer les sens critiques de l'odorat et du goût. Mme Rivest dit pourtant connaître d'excellents goûteurs. Selon elle, les femmes ont une façon différente d'aborder les choses. Elles sont moins directionnelles et plus à l'écoute du client. Leur approche est plus douce.

Les achats de vin faits majoritairement par les femmes

Autre signe révélateur d'une nouvelle tendance: ce sont les femmes qui, majoritairement, achètent le vin, selon des chiffres publiés en décembre 2004 (ONIVINS infos).

Depuis une vingtaine d'années, on assiste à une véritable révolution de la consommation du vin dans les pays occidentaux. Ainsi, la femme est désormais responsable des achats de vin dans les familles. Ce serait le cas à 70% en Allemagne, à 80% aux États-Unis et à 78% pour les achats en grande surface en France. Plus près de nous, la SAQ estime que sa clientèle est composée de 50% d'hommes et 50% de femmes. On ne peut donc plus ignorer la présence et surtout l'influence féminine en matière de vin.

REVUE vinicole

La **Revue vinicole** passe en revue (c'est le cas de le dire) quelques nouvelles de l'année.

Nous avons choisi, visité, essayé, dégusté, rencontré pour vous, parmi une foule de personnalité, d'événements et de nouveaux produits, ceux qui nous semblaient les plus intéressants. Ils vous seront proposés par le biais de courtes entrevues, d'essais de nouveaux produits, de destinations ou d'excursions vineuses, etc. Mais comme toujours, nous avons mis en évidence le côté informatif, ce qui explique aussi le titre de cette rubrique **Revue vinicole.** Peut-être y trouverez-vous de l'information essentielle à l'étanchement de vos soifs.

La rédaction

Ont participé à cette rubrique:

Huguette Béraud
Charles-Henri Debeur
Thierry Debeur

14ᵉ édition du concours
Sélections Mondiales des Vins

Les membres du jury des Sélections Mondiales des Vins en séance de dégustation *(Photo Debeur)*

Entrevue avec **Me Ghislain K. Laflamme,** président des *Sélections Mondiales des Vins 2007*. Propos recueillis par **Thierry Debeur**.

Les Sélections Mondiales des Vins 2007 ont-elles été un succès ?

Me Ghislain K Laflamme: Ce concours fut créé sur une base privée en 1983 par un audacieux Belge, **Paul Chouter**. Par la suite, il a été repris en 1986 par la SAQ, et nous y travaillons depuis six mois pour nous rendre compte que ce concours avait une bonne réputation, car les gens ont répondu avec enthousiasme. Nous avons reçu au-delà de 1700 échantillons provenant de 31 pays, alors que les plus pessimistes nous en prédisaient 700, au plus 800. Nous sommes donc très satisfaits. De plus, nous avons bénéficié de la participation de 59 juges venant de 18 pays. Également, nous avons fait une expérience d'harmonie de mets et de vins.

La crise du vin dans le monde ?

GKL: On n'est pas en période de surproduction, on est seulement en période de sous-consommation.

Les retombées pour le Québec ?

GKL: Ce concours, par la participation de dégustateurs qui viennent de 18 pays, est un multiplicateur de la connaissance du Québec dans le monde. Lorsque ces gens, qui ne sont pas des touristes ordinaires, viennent dans une ville comme Québec, ils essaient d'en saisir l'âme qu'ils transporteront chez eux pour en parler en bien, si on les a bien traités. Et je pense que l'organisation du concours et les citoyens de Québec ont répondu adéquatement.

Véronique Rivest, Meilleure sommelière du Canada 2006 et membre du jury international *(Photo Debeur)*

Quel est l'intérêt de participer à ce concours, puisque la SAQ n'achète plus automatiquement les médaillés d'or comme elle le faisait auparavant ?

GKL: En ce qui concerne les médaillés du concours, l'intérêt est grand, si l'on vise le marché planétaire. Ce n'est un secret pour personne que le Québec n'est pas un grand producteur de vin. C'est grâce à cet avantage, que les gens du monde entier peuvent faire évaluer leurs produits plus objectivement et plus rigoureusement par des consommateurs plus attentifs au plaisir que dans d'autres marchés. Au Québec, cela donne des points dans un dossier de demande d'inscription au répertoire de la SAQ.

Êtes-vous satisfait ?

GKL: Très heureux de cette édition qui a eu lieu pour la première fois à Québec. Cela a été très difficile, mais le défi était tellement beau qu'aujourd'hui j'en tire une très grande satisfaction.

Michel Bissonnette (à droite), président de l'Assemblée nationale du Québec, recevant les membres du jury des Sélections Mondiales des Vins *(Photo Debeur)*

Résultats du concours
Grandes médailles d'or

Vins rouges

Afrique du Sud, Western Cape
Engelbrecht Els Proprietor's blend 2004, Ernie Els Wines

Afrique du Sud, Stellenbosch
Jacobsdal Cabernet Sauvignon 2003, Cape Legends

Australie, McLaren Vale
Kangarilla Road Cabernet Sauvignon 2005, Kangarilla Road Vineyard & Winery

Australie, Bendigo Region
Langanook Cabernet Sauvignon 2004, Langanook Wines

France, Bordeaux
aoc Médoc
Le Grand Art 2003, Vignerons Uni-Médoc

Australie, Clare Valley
Leasingham Bin 56 Cabernet Sauvignon 2002, Leasingham Wines distribué par Vincor (QC)

Espagne
do Yecla
Valle de Salinas «Crianza», B y V de Murcia, S.L.

Vins de glace

Canada, Québec
Jardin de Givre 2005, Vignoble de L'Isle de Bacchus

République Tchèque, Morava
Ryzlink Rynsky Lédove vino Icewine2005, Znovin Znojmo, a.s.

Jean-Yves Bernard, président de l'Association canadienne des sommeliers professionnels, essayant le siège du président de l'Assemblée nationale du Québec, lors de la visite des juges dans cette institution

(Photo Debeur)

Canada, Québec
Vin de glace 2004, Vignoble du Marathonien

Tous les résultats sont publiés sur le site Global Wine & Spirit (www.globalwinespirits.com)

Véronique Rivest, recevant son trophée des mains de Amy Mumma

Véronique Rivest
championne du monde 2007

La Québécoise **Véronique Rivest** a été élue championne du monde dans la catégorie professionnelle, au concours **Femmes du vin 2007**, qui s'est déroulé à Paris en juin 2007. Son trophée lui a été remis par **Amy Mumma**, lauréate 2005 de ce prix, directrice du département d'œnologie au *Washington State University* et membre du jury 2007.

Véronique Rivest est sommelière, formatrice et chroniqueuse. Elle a remporté le titre de *Meilleure sommelière du Canada* en 2006 et a représenté le Canada au concours du *Meilleur sommelier du monde 2007*, qui s'est déroulé à Rhodes, en Grèce, en mai 2007, et où elle se serait classée en sixième place (information non officielle). C'est le Suédois **Andréas Larsson** qui a remporté le titre. Elle est également récipiendaire d'un certificat *Mérite et Honneur 2006* du **Guide Debeur**.

Clos Jordanne
Un terroir exceptionnel

Par Thierry Debeur

La maison **Boisset** de Bourgogne (France), en association avec le groupe canadien **Vincor** (Inniskillin, Jackson Triggs, etc.), décide de créer quelque chose d'unique dans le domaine vinicole au Canada. Le grand-père **Boisset** avait déjà le rêve de planter des vignes au Canada. En 1998, **Donald Triggs** et **Jean-Charles Boisset**, après avoir visité une vingtaine de propriétés, ont arrêté leur choix sur celle de la vallée d'Okanagan, en Colombie-Britannique, pressentant que c'était là! Ils ont ressenti un grand terroir avec sa petite inclinaison, son escarpement, son lac favorisant un climat tempéré et surtout un grand sol. Par la suite, les pédologues* ont confirmé qu'il s'agissait bien là d'un terroir exceptionnel.

Ils ont voulu faire un vin canadien avant tout, à l'image de leur terroir et des hommes qui y travaillent. «On ne veut pas faire un vin de Bourgogne, mais un grand vin canadien avec une viticulture bien maîtrisée, une philosophie et des techniques bourguignonnes», explique **Thomas Bachelder**, directeur du vignoble et vinificateur du *Clos Jordanne*. Et puis, ils privilégieront aussi la culture bio. «Le bio est très important, poursuit-il, pour renforcer l'individualité de chaque parcelle. Les engrais chimiques uniformisent les terroirs.» Et ils y réussissent très bien. À l'aveuglette, certains de leurs vins peuvent se confondre avec des Côtes de Nuits ou encore des Côtes de Beaune.

Thomas Bachelder

J'ai eu l'occasion de déguster plusieurs de leurs vins. Si les blancs ne manquent pas de charme avec des vins légèrement typés, nouveau monde, j'ai préféré les rouges complexes et puissants. Quoique ces derniers demandent qu'on

Roger Provost, président Vincor Québec, Jean-Charles Boisset, Thomas Bachelder, viniculteur, Isabelle Meunier, assistante viniculteure, Bernard Nantel de Boisset America et Michel Langevin de Vincor Québec *(Photo Debeur)*

les attende un peu. Marqués par le bois qui écrase un peu le fruit, on sent néanmoins un immense potentiel. Le vieillissement en cave leur permettra de s'exprimer dans toute leur splendeur. Un peu comme les grands vins français, par exemple. Mais, il est opportun de les acheter dès maintenant pour les boire soit en carafe, pour les adoucir, soit pour les garder, faisant un excellent investissement. «Le côté boisé sera maîtrisé à l'avenir, dit Thomas Bachelder, on dosera mieux le bois et on éliminera le bois neuf.» Mais cela dépend également des cépages utilisés. «Pour le Pinot et le Chardonnay, explique Jean-Charles Boisset, il faut être patient, jouer et investir sur le long terme. On essaye de faire chanter nos terroirs car nous y croyons.»

Je recommande particulièrement, en blanc, **Le Grand Clos Jordanne Chardonnay 2004**, vqa Niagara Peninsula (+10710-209 – 59$), un vin typé nouveau monde, aux arômes puissants de fruits exotiques, de beurre frais avec des notes minérales, ample et équilibré en bouche avec des notes d'agrumes. En rouge, **Le Claystone Terrace Pinot Noir 2004**, vqa Niagara Peninsula (+10697358 – 40,25$), aux arômes de cerises noires et de bois de cèdre, il est très boisé, long en

bouche avec des notes de réglisse et des tanins puissants. Et **Le Grand Clos Pinot Noir 2004**, vqa Niagara Peninsula (+10710209 – 59$), aux arômes de cerises noires, de rose fanée et de tabac, à la fois floral et fruité en bouche avec des tanins épicés mais encore jeunes. Ces deux beaux vins rouges sont à mettre en cave.

* Pédologues: spécialistes de l'étude des sols (*Le Petit Robert*).

Champagne Pol Roger

Par Thierry Debeur

«On ne peut faire du champagne qu'avec des vins pauvres», explique Christian Pol Roger, président de Champagne Pol Roger. «La richesse du champagne c'est la pauvreté des vins de base, poursuit-il, et la bulle accroît les insuffisances aromatiques.» Selon lui, ce qui est important, c'est la franchise du fruit: «On privilégie le fruit, dit-il, et les bulles sont les haut-parleurs des arômes. En outre, l'effervescence est un écran de protection contre l'oxydation.» Les champagnes Pol Roger sont élégants, harmonieux et frais. C'est d'ailleurs la philosophie de cette maison. Nous avons eu le plaisir de déguster le **Brut 1998 (+10663123 – 78$)**, frais et charnu, séducteur, un champagne dans le printemps de sa vie; le **Brut Chardonnay 1998 (+10663166 – 84$)**, crémeux, soyeux et délicat; et la fameuse **Cuvée Sir Winston Churchill Brut 1996 (00892166 – 167$)**, à l'étiquette bleu nuit, tout comme le coffret qui la contient, une présentation aux couleurs de l'uniforme de la **Navy Blue**. On se souvient que **Sir Winston Churchill** était Premier lord de l'Amirauté. Un très grand champagne, élégant et majestueux. Superbe!

Jean-Claude Boisset

Exigence de la qualité et expression du terroir

Pierre Vincent du Domaine de la Vougeraie, Louis Boisclair de chez Vincor et Grégory Patriat, de la maison Jean-Claude Boisset *(Photo Debeur)*

La philosophie de la maison bourguignonne **Jean-Claude Boisset** tient en trois mots : origine, pureté et élégance. L'origine, c'est l'expression du terroir, la pureté, c'est l'authenticité des vins qu'ils produisent, et l'élégance, c'est le résultat de vins d'exception, la distinction. Dans cette maison pleine d'histoires et d'émotions, le viniculteur **Grégory Patriat** succède au Québécois **Pascal Marchand**, en 2002. Intransigeant sur la qualité, il a des exigences démesurées et il impose des conditions drastiques aux vignerons avec lesquels il travaille. Son objectif est d'obtenir des raisins exceptionnels pour faire des cuvées aussi représentatives que possible du terroir. Le ***Chambolle-Musigny 2005 (+10377901 – 60$)*** présente des arômes très vanillés avec du fruit rouge bien marqué. Long, fruité et gouleyant en bouche avec des tanins secs et épicés. Un vin de garde ★★★★ $$$$($). Nous avons également beaucoup aimé le ***Vosne-Romanée 2005*** (n'est pas en vente à la SAQ) au nez de fruits rouges, de baies sauvages et de vanille. Fruité en bouche avec des tanins puissants et un très beau potentiel. Le mettre en cave ★★★★. Malheureusement, tout comme ce dernier, les autres produits de cette maison ne sont pas en vente à la SAQ.

LE PETIT DEBEUR DES VINS 2008

La maison Jean-Claude Boisset possède aussi le **Domaine de la Vougeraie**, dirigé par **Pierre Vincent**, un inconditionnel de la culture bio. Lui aussi est exigeant et a les deux pieds bien sur terre quant à la réalité bio et ses difficultés. Mais le résultat est là: des vins sculptés à l'image des Boisset, où le respect et l'expression du terroir sont des priorités pour leurs vins. Voici nos préférés, ils sont tous en vente à la SAQ. En blanc: Le **Clos Blanc de Vougeot 2001, aoc Vougeaot Premier Cru (+10217861 – 136$)** au nez ample et voluptueux avec des notes d'agrumes, de fruits mûrs et de vanille. Long et fruité en bouche avec une très belle matière, du gras, des agrumes (zeste de pamplemousse) et une finale épicée. Un grand vin charmeur et très élégant ★★★★★ $$$$$. Le millésime **2000 (+728196 – 127$)** était magnifique aussi. En rouge: **Les Petits Noizons Vougeraie 2002, aoc Pommard (+10221069 – 72$)** au nez animal avec des notes de sang de bœuf, de baies sauvages et de cerise. Très riche, long et concentré en bouche avec du fruit vite dominé par le bois et des tanins puissants et épicés ★★★★(★) $$$$($). **Gevrey-Chambertin (+728337 – 52$)** aux arômes riches et concentrés de vanille, de lys rose, de fruits noirs bien mûrs. Bouche fruitée (cerises noires), longue et fraîche avec des tanins serrés ★★★★ $$$$. **Les Cras 2002, aoc Vougeot Premier Cru (+10220998 – 86$)** au nez complexe de fruits rouges avec des notes de vanille, de boisé, de torréfié, de réglisse et des effluves minéraux et animaux. Belle matière en bouche avec du bon fruit, une note de fumé, des tanins secs et épicés. Beaucoup d'élégance ! ★★★★(★) $$$$$. Le **Clos Vougeot Grand Cru 2000 (+728253 – 131$)** au nez animal, sauvage et fruité avec des notes de réglisse, de sous-bois (humus), de vanille et de grillé. Bouche fine et fruitée avec des notes de sous-bois qui évoluent sur des notes de cuir et de fruits cuits avec des tanins secs et épicés. Prêt à boire, semble à son apogée ★★★★★ $$$$$.

L'une des plus hautes distinctions
pour le
Domaine Pinnacle

Charles Crawford, président du Domaine Pinnacle et Michel Saint-Pierre, sous-ministre de l'Agriculture, des Pêcheries et de l'Alimentation du Québec

Déjà détenteur de douze médailles d'or gagnées lors de compétitions internationales de vins et doublement médaillé d'or en 2007, **Charles Crawford**, président et fondateur du *Domaine Pinnacle*, vient de recevoir des mains d'**Yvon Vallières**, ministre du MAPAQ, le *Prix d'excellence à l'exportation alimentaire* du ministère de l'Agriculture, des Pêcheries et de l'Alimentation du Québec. Ce prix, l'une des plus hautes distinctions qui soient accordées, salue l'excellence des réalisations d'une personne en matière d'exportation de produits alimentaires. Depuis la fondation du *Domaine Pinnacle,* à Frelighsburg, en 2000, Charles Crawford est devenu un chef de file mondial parmi les producteurs de cidre de glace du Québec. Il a été le premier à créer un cidre de glace pétillant; il exporte ses produits dans plus de 25 pays. «Sa recherche constante de nouveaux produits de qualité supérieure, son approche renouvelée du marketing et sa conception unique de l'exportation font de lui une personnalité marquante du secteur alimentaire». *Info: www. domainepinnacle.com ou 450-263-5835.*

Chablis Domaine Laroche

Par Thierry Debeur

Madame **Gwénaël Laroche**, propriétaire de la *maison Laroche* (Chablis, Bourgogne, France), est venue récemment au Québec en compagnie de son vinificateur, **Denis de La Bourdonnaye**, faire déguster ses vins à la presse spécialisée. Elle a organisé, en collaboration avec son agent, une dégustation à l'aveuglette de tous les Chablis, en référence générale, en vente à la SAQ, parmi lesquels se trouvait, bien sûr, son *Chablis Laroche 2004*. Il fallait un certain courage, mais il s'est classé dans les trois premiers.

Gwénaël Laroche, propriétaire de la maison Laroche *(Photo Debeur)*

Par la suite, nous avons dégusté plusieurs de ses vins qui se sont révélés élégants, équilibrés et racés. «On cherche à sentir dans les vignes le potentiel de chaque parcelle, explique **Denis de La Bourdonnaye**. On utilise tous les moyens pour exprimer le plus justement ce potentiel sans aller trop loin et on garde l'aspect, l'identité du terroir.» Il en est de même pour le «choix des barriques, poursuit-il, qui est adapté à chaque vin selon l'origine de la forêt, le tonnelier, le grain et le pourcentage du bois, la chauffe, tout ce qui apportera sa petite pièce à l'édifice. C'est pratiquement du cousu main.»

Je recommande particulièrement le chablis Premier cru *Les Fourchaumes Vieilles vignes 2004* (+10759011 – 44,75$), en vente dès juillet. Un nez floral et minéral que l'on retrouve en bouche avec une belle matière, ample et ronde et une touche de beurre. ★★★★ $$$$. Le *Chablis Saint-Martin 2005* (+114223 – 24,95$), un jeune fou difficile mais plein de charme, superbe et magnifique, tout

en équilibre et en élégance. Un vin racé qui montre une belle expression du terroir. ★★★★ $$($). Et, le chablis Grand cru **Réserve de l'Obédience 2000 «Les Blanchots»** (+10322450 – 124$), au nez très aromatique et puissant avec des notes de miel, de fruits confits, de coing et de fleur (genêt). Bouche ample, fruitée, florale et longue avec des tanins légèrement asséchant. Un grand vin! À boire en mangeant.
★★★★★ $$$$$.

Gwénaël Laroche, propriétaire de la maison Laroche *(Photo Debeur)*

Cinq cidriculteurs québécois en Espagne

Cinq cidriculteurs du Québec ont représenté le Canada en participant à la première **Exposition internationale du cidre de qualité** au salon SICER, à Gijon, en Espagne, au mois de mai (www.sicerplanet.com). La **Cidrerie du Minot** et **La Face Cachée de la Pomme**, d'Hemmingford, la **Cidrerie Michel Jodoin** et **Domaine Leduc-Piedimonte**, de Rougemont, et le **Domaine Pinnacle**, de Frelighsburg ont porté haut les couleurs de la qualité des cidres de glace du Québec parmi 63 producteurs de 14 pays étrangers présents. D'excellents produits à découvrir lors d'une promenade bucolique, en suivant la **Route des cidres**.
Info: www.tourisme-monteregie.qc.ca

L'industrie québécoise des microbrasseries est en crise d'adolescence

Par Claude Boivin

En temps normal, on devrait se réjouir de voir apparaître de nouveaux artisans. Mais avec la nouvelle vague de micro-brasseries, la situation n'est pas très reluisante.

Après avoir gazouillé, balbutié, fait des risettes et charmé son entourage, l'industrie microbrassicole québécoise a franchi son enfance et passe maintenant par une crise d'adolescence assez amère.

Dans un marché où dominent férocement les brasseries industrielles, un nombre assez grand de microbrasseries jouent des coudes pour une part de marché bien inférieure à 10%. Et parmi ces petites brasseries, il y en a, hélas, trop qui nuisent à la réputation de l'industrie microbrassicole.

Dans un milieu où les standards de qualité sont fixés par le brasseur, le consommateur n'a aucune garantie que la bière qu'il achète ne sera pas infectée ou autrement défectueuse. Et flairant peut-être la bonne affaire, de plus en plus d'entre-preneurs s'improvisent brasseurs pour nous livrer des pro-duits qui ne méritent rien de mieux que le tuyau des égouts.

Il m'a été donné de visiter des brasseries où le brasseur, visi-blement sans formation, n'avait jamais entendu parler de procédures essentielles et simples (comme le test à l'iode) que même les brasseurs maison emploient. Dans certaines de ces brasseries, l'hygiène était si défaillante que nos se-melles collaient au plancher et les mouches à fruits étaient partout.

Malheureusement, le consommateur n'a souvent aucun moyen de savoir si un produit est mauvais avant qu'il ne soit trop tard. Et disons que se faire rembourser une bière in-fectée est beaucoup plus difficile qu'une mauvaise bouteille de vin.

Plusieurs me donneront raison si je dis que ces brasseries ne feront pas long feu. D'ailleurs, **Jean-François Joannette**, du marché **Métro Joannette** à Verdun, a commencé à délaisser plusieurs produits, même si son commerce, qui se spécialise dans les bières de microbrasseries depuis 1986, tient plus de 215 marques de bière. Mais en attendant, ces mauvaises bières rebutent beaucoup d'amateurs qui, hélas, vont se tourner vers les brasseries industrielles et leurs produits importés.

Afin d'aider le lecteur à choisir ses bières, voici quelques pistes :

1 - Un dépôt blanchâtre formant un cerne au contact air - bière - verre dans le goulot de la bouteille est une indication d'infection bactérienne. Évitez d'acheter.

2 - Des grumeaux flottant dans la bière (pas la lie au fond) est une indication d'infection bactérienne. Évitez d'acheter.

3 - À l'exception des rouges et des brunes de Flandre, qui ne sont pas brassées au Québec, des arômes de vinaigre ou de yogourt sont une indication d'infection bactérienne. Tentez de vous faire rembourser et évitez de racheter.

4 - Des arômes et des flaveurs de caoutchouc brûlé, de médicaments et d'eau de javel sont une indication d'infection bactérienne. Tentez de vous faire rembourser et évitez de racheter.

5 - Des arômes et des flaveurs de vieux cuir ou de carton mouillé sont une indication d'oxydation. Tentez de vous faire rembourser et évitez de racheter.

À l'émission « Dutrizac le week-end » avec Benoît Dutrizac au 98,5 FM, chronique gastronomique et vinicole de Thierry Debeur le samedi à 9h30

Benoît Dutrizac et Thierry Debeur en studio
Photo Charles-Henri Debeur

Thierry Debeur, critique gastronomique et vinicole, président des ***Éditions Debeur Ltée***, est en onde le samedi à 9h30, à l'émission ***«Dutrizac le week-end»*** animée par **Benoît Dutrizac** au ***98,5FM***.

Une chronique gourmande où vins, boissons, restaurants, produits agroalimentaires et événements, inspirés de l'univers de la gastronomie, sont commentés. L'expérience pertinente de **Thierry Debeur** alliée au professionnalisme de **Benoît Dutrizac,** dans une ambiance de complicité conviviale, font de cette chronique un moment privilégié très savoureux à ne pas manquer.

Vinum Design

Boutique d'accessoires pour le vin

Par Huguette Béraud

Marc Gaudry, le propriétaire, et les Laguiole (Photo Charles-Henri Debeur)

La boutique d'accessoires en vin, Vinum Design, *située au cœur de Montréal, au 1480, rue City Councillors, est l'endroit rêvé pour trouver des idées cadeaux des plus originaux.*

En plus de tous les objets qui entourent le vin, en partant des coffrets d'arômes *Le nez du Vin* de **Jean Lenoir** qui se conjuguent en 12, 25 et 54 odeurs, il y a également le *coffret des défauts* et celui des *odeurs de café*.

On y trouve aussi une division de produits fins comme l'huile d'olive ***Carpineto*** ou le café ***La Colombe***, recherché par les meilleurs restaurants du Québec et des États-Unis.

Il y a également des machines à café et c'est le distributeur des deux seules maisons d'origine des couteaux Laguiole, ***Les forges de Laguiole*** et ***Laguiole en Aubrac***. Cherchez-vous un Laguiole avec un manche en corne d'ivoire de mammouth? Ils l'ont! Il s'agit de la plus grande sélection de couteaux que je n'ai jamais vue.

Info: www.vinumdesign.com et 514-985-3200.

Servir une bonne bière

Paul Van de Walle, maître brasseur de la fameuse bière belge **Stella Artois**, était de passage à l'*Institut des bières Labatt* à Montréal pour montrer comment on sert une bière de qualité. Le rituel du service de la *Stella Artois*, qui peut d'ailleurs s'appliquer à toutes les bonnes bières, se fait en neuf étapes:

1) La purification: On lave le verre à bière avec un détergent non gras de préférence et on le rince à l'eau glacée pour le rafraîchir. Puis, on vérifie s'il est bien propre.

2) Le sacrifice: On ouvre le robinet et on laisse couler un jet de bière pour éviter de remplir le verre avec de la bière oxydée.

3) Le remplissage: On remplit le verre placé sous le robinet dans un angle de 45º pour que la mousse se forme lentement. Celle-ci est une barrière naturelle pour l'oxydation (alchimie du liquide) ce qui permet au liquide de garder toutes ses flaveurs.

4) La couronne: On observe la formation du col de mousse qui s'obtient en abaissant et en redressant le verre pendant qu'il se remplit.

5) Le retrait: On ferme le robinet et on retire rapidement le verre afin qu'aucune goutte de bière ne tombe dans celui-ci.

6) Le découronnement: On enlève le surplus de mousse à l'aide d'un couteau spécial que l'on garde à 45º. Ceci permet d'éliminer les grosses bulles qui éclatent facilement et accélèrent, par le fait même, la dissipation du col de mousse.

7) Le jugement: On vérifie la mousse qui devrait avoir une hauteur de 3cm (2 doigts). Cette mousse protège la bière contre l'oxydation et évite aussi qu'elle ne s'évente trop rapidement.

8) Le nettoyage: On immerge le verre dans de l'eau glacée afin de nettoyer les parois extérieures de toute trace de bière.

9) L'octroi: On pose une collerette en papier sur le pied du verre (*Stella Artois* utilise des verres à pied*) et l'on présente celui-ci avec le logo de la bière face au consommateur. *«La perfection prend du temps!»* Explique Paul Van de Walle.

Enfin, on ne boit pas la mousse, on boit le liquide qui est sous la mousse. Pour une bonne bière, la mousse doit persister au moins cinq minutes pour un col de 3cm.

Nous avons eu l'occasion de répéter ce protocole à l'*Institut des bières Labatt* en compagnie de **Pierre Pitre,** le directeur de l'*Institut*. Toute une expérience qui n'est pas si évidente que cela. Mais on s'en est bien tiré quand même, selon monsieur Pitre.

Accords gastronomiques

Tout comme le vin, la bière s'accorde facilement à de nombreux produits et plats cuisinés. La *Stella Artois*, par exemple, s'accorde très bien avec le gruyère et les fromages de type Tomme. Elle fait merveille dans les sauces et les mijotés comme le *lapin aux pruneaux et à la bière*. Nous en mettons également dans la pâte à crêpe en remplaçant une partie du lait par de la bière. Cela renforce le goût du froment, et c'est tout à fait délicieux.

* : *Stella Artois* utilise des verres à pied «en forme de calice conçu pour libérer toutes les particularités de l'arôme et de la flaveur de la bière».

U&I

Par Charles-Henri Debeur

Julie Bertrand, Mag Cassis, Sylvie Benedicto, Sylvie Poirier, Hélène L'Italien, Caroline Maher, de La Maison des Futailles
(Photo Charles-Henri Debeur)

La **Maison des Futailles** lançait, le 12 juin dernier, une « Revolution ». *Revolution U&I* est une gamme de produits alcoolisés destinés à révolutionner le marché. Lors de cette soirée, au Belvédère du Vieux-Port de Montréal, j'ai eu plaisir à observer la réceptivité des convives alors que je lançais l'idée: « Un jour, peut-être les gens diront, en commandant une boisson quelconque tel le gin-tonic: à la *U&I* ». En fait, il existe trois produits de base : vodka, rhum et dry gin. Avec seulement 20% d'alcool par volume, cela représente la moitié moins d'alcool, grâce à un procédé unique – en attente de brevet –, et la moitié moins de calories. À ces trois bases, l'entreprise ajoute d'emblée son mélange prêt à consommer: **Daiquiri aux fraises**, **Vodka canneberge** et **Blue Lagoon**. Ils ont raison de croire en leur *Revolution U&I,* on imagine bien qu'ils pourront d'ores et déjà promouvoir des «5 à 7» sous le signe de la modération. D'ailleurs, *U&I* veut bien dire : *Toi & Moi*? En bouteilles de 750ml, les bases pures se vendent 11,99$ et 8,99$ les mélanges.

Livres

Arômes du vin

Par Michaël Moisseeff et Pierre Casamayor, collection «Les Livrets du vin» chez Hachette
160 pages, 19,2 x 22cm. Prix: 19,95$

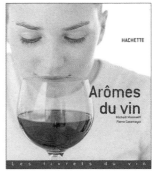

Un ouvrage très bien fait, concis et largement illustré. On y explique ce que sont un arôme, l'odorat et sa mémoire, la dégustation, les différents types d'arômes (primaires, secondaires et tertiaires), l'influence du terroir, du climat, de l'assemblage et de l'élevage sur les arômes, les différentes familles aromatiques. Enfin, on y décrit les arômes les plus courants que l'on retrouve dans le vin. Les défauts aromatiques y sont également traités. Un ouvrage indispensable aux passionnés de la dégustation.

Soirée dégustation

Par Michaël Moisseeff chez Hachette Pratique
160 pages, 19,7 x 28,5cm. Prix: 29,95$

Cet ouvrage original enseigne la connaissance de la dégustation de façon ludique. En fait, l'auteur propose, tout simplement, d'organiser 14 soirées dégustations avec quelques amis, même débutants, d'acheter les vins recommandés et de jouer. Un programme est offert pour chaque soirée avec des fiches de dégustation, des propositions de mets accordés avec les vins proposés, un quiz pour évaluer les connaissances des participants. Bien sûr, on vous donne la solution et on vous informe un peu plus sur ce qu'il faut savoir du thème de la soirée. Convivial, efficace et bien fait !

Grands cépages

Par Pierre Galet dans la collection «*Les Livrets du vin*» chez Hachette
160 pages, 19 x 22cm. **Prix: 19,95$**

L'auteur nous fait découvrir le vin au travers de la description des 36 cépages les plus connus. Il nous apprend à les reconnaître à la forme de leurs feuilles, un pari pas facile à gagner lorsqu'on sait qu'il est très difficile de les identifier par cet aspect justement, même pour un vigneron. Néanmoins, c'est un ouvrage bien fait, très didactique, clair et précis. Outre les feuilles, on y décrit les grappes, la taille de la vigne, ses maladies, etc. Mais, ce qui a particulièrement attiré notre attention, c'est la description organoleptique (odeurs et saveurs) particulière à chaque cépage. Abondamment illustré. Très intéressant !

Le bonheur est dans le vin

Par Albert Adam et Jean-Luc Jault à
aux Éditions de l'Homme
192 pages, 21,6 x 22,2cm. **Prix: 34,95$**

La santé prend de plus en plus de place dans notre société. Le jumelage d'un spécialiste en sciences biomédicales et d'un professeur en œnologie a produit cet ouvrage qui nous présente le vin non seulement comme une boisson de plaisir et de convivialité, mais encore comme un produit aux vertus thérapeutiques, notamment en ce qui a trait à «la santé de nos artères, de notre cœur et de notre cerveau.»

Guide des vins bio

Par Pascal Patron aux Éditions Quebecor
254 pages, 15,2 x 22,8cm. **Prix: 29,95$**

(Photo Charles-Henri Debeur)

Pascal Patron à la signature de son livre

Originaire de France, l'auteur devient un passionné du vin au Québec. Mais, comme il ne fait pas les choses à moitié, il retourne en France pour parfaire sa connaissance et en revient avec un diplôme de la *Faculté d'œnologie de Bordeaux*. Aujourd'hui, il collabore à *La Revue du Vin de France* ainsi qu'à *Vins et Vignobles* (Québec). Il nous propose, dans cet ouvrage, la visite de 63 vignobles producteurs de vins bio complétée par une description de 100 vins bio dégustés. En fait, il s'agit d'«un guide sur les vins bio, plus exactement sur les *vins issus de raisins cultivés en agriculture biologique* puisque rien, à ce jour, ne régit ce type de vinification», précise l'auteur.

Une histoire mondiale du vin

De l'Antiquité à nos jours (nouvelle édition)
Par Hugh Johnson dans la collection Pluriel
chez Hachette Littératures
684 pages, 11 x 17,8cm. **Prix: 19,95$**

Dans cet ouvrage, «*l'auteur analyse l'évolution du vin à travers les civilisations qu'il a accompagnées, les mythes qu'il a fait naître, les croyances qu'il a suscitées, l'économie et les techniques qu'il a développées et les hommes qui lui consacrèrent leur vie. [...] ce livre est un véritable travail d'archéologue et d'historien.*» Mais, malgré tout, il se lit un peu comme un roman grâce au talent de vulgarisateur de l'auteur. Tous les aspects du vin y sont traités, y compris son influence sur l'homme et ce qu'il boira demain. Si le vin est un plaisir, ce livre l'est tout autant.

Vins mousseux et champagnes

Par Guénaël Revel aux éditions Modus Vivendi
256 pages, 14,6 x 26cm, couverture rigide. **Prix: 29,95$**

Sommelier, chroniqueur, ex-président de l'*Association canadienne des sommeliers professionnels*, **Guénaël Revel** n'en est pas à son coup d'essai. Après quatre ouvrages, dont la *Bible du Porto* chez le même éditeur, il nous propose un ouvrage sur les vins mousseux et les champagnes. Dans cet ouvrage, il aborde tout autant l'histoire et la fabrication de ce genre de vin que les différents types existants comme le crémant, le perlant, le pétillant, le mousseux et le champagne. À ce sujet, nous aurions aimé que l'auteur nous explique de façon pratique les différences que l'on perçoit à la dégustation entre ces différentes appellations.

Le vin pour les nuls

Par E. McCarty et M. Ewing-Mulligan, Éditions First
546 pages, 19 x 23cm. **Prix: 29,95$**

Voici une brique qui en est à sa 4ᵉ édition. Un bouquin vraiment bien pour ceux et celles qui désirent s'initier à la connaissance du vin. On pourrait presque dire qu'il s'agit là d'une mini-encyclopédie de la vigne et du vin. Tout y passe. Les auteurs traitent le sujet en profondeur, c'est si complet, que même un professionnel y apprendra encore quelque chose. L'écriture est simple, didactique et conviviale. À mettre entre toutes les mains.

À mettre entre toutes les mains!

Le guide Hachette des vins 2008

1404 pages, 13,8 x 22cm. **Prix: 44,95$**

Avec 1404 pages, autant dire une bible! Cet ouvrage, dédié exclusivement aux vins de France, comporte 35 000 vins dégustés à l'aveugle dont 10 000 nouveaux sélectionnés (480 coups de cœur) répartis sur 6500 producteurs. Ce guide propose un échantillonnage de produits à tous les prix et pour les goûts de chacun. Des commentaires détaillés, des suggestions d'accords de mets et vins, des adresses d'hébergements si vous allez sur place et des dossiers encyclopédiques des cotations de 0 à 3 étoiles; toutes ces informations

plus des comptes rendus actualisés par région vinicole font de cet ouvrage un document unique pour les amateurs de vins français.

Idées cadeaux à
l'Âme du vin

Diane Bastien et **Monique Therrien,** les propriétaires, de *L'Âme du vin*, 14, boul. Desaulniers, à Saint-Lambert, nous ont présenté quelques idées qui ne manquent pas de charme. *Tél.: 450-923-0083.*

Final Touch, *un exhausteur du bouquet et de goût du vin.* Il s'agit d'un aérateur de vin qui s'installe sur le goulot de la bouteille. Le vin se mélange à l'air au moment où il est versé dans le verre.

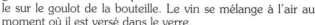

Attrape le bouchon chez **ScrewPull.** Enlève le bouchon des bouteilles de champagne et de mousseux en un tour de main.

Pichets à eau et verres pour pastis **Collection Ricard:** Broc rétro; Broc à eau Ricard, signé Marc Newson; Verre haut signé Olivier Gagnaire; Petit verre ballon; Carafe à eau soleil.

Collection Henri Bardouin: Arrosoir en porcelaine; Cafetière en métal émaillé; Verre à pastis.

Soirée de dégustation «Tout nu». Présenté dans un pot de peinture, il s'agit d'un kit complet de dégustation à l'aveuglette pour 8 personnes. Un jeu à la fois éducatif et amusant. Réutilisable.

LE VAR

Entre Marseille et Cannes, au coeur des vins des Côtes-de-Provence

Par Thierry Debeur et Huguette Béraud
Photos Debeur

Le Var est situé au sud de la France, au bord de la mer Méditerranée, entre les Bouches-du-Rhône (Marseille) et les Alpes-Maritimes (Cannes, Nice). On y visite des villes historiques comme Toulon, Draguignan, et des villes mythiques Saint-Tropez, par exemple. Le Var est très riche d'une histoire qui remonte au temps des Grecs anciens. La région regorge de monuments, d'histoire et de traditions.

Au cœur des vins de Côtes-de-Provence

Le Var, c'est le cœur des appellations des vins de **Côtes-de-Provence** célèbres pour leurs rosés et leurs rouges, et **Bandol** surtout connu pour ses rouges. Mais on y trouve aussi une appellation intéressante: les **Côteaux varois**. Nous ne parlerons pas ici de Bandol qui a déjà fait l'objet d'un reportage dans **Le Petit Debeur 2006.** On raconte volontiers que la production des vins de Provence remonte à l'Antiquité et que c'est là, en Provence, que les premières vignes de la Gaule furent plantées.

Quelques vignobles et domaines

Plusieurs de ces domaines vendent leurs vins au Québec. Vous trouverez la description plus complète de leurs produits dans la section "Guide d'achat" du présent ouvrage.

Château Font du Broc
Quartier Sainte-Roseline,
Les Arcs-sur-Argens. Tél.: 04.94.47.48.20.
www.chateau-fondubroc.com

Le propriétaire, **Sylvain Massa,** qui a fait sa fortune avec les pneus (Massa auto pneus), cherchait un terrain pour installer ses chevaux, c'est sa passion. Puis, il découvre ce domaine avec quelques vignes à l'abandon. Il fait alors analyser le sol et découvre qu'il est parfait pour planter de la vigne, ce qu'il fait en grand amateur de vin. Il construit même un complexe de toute beauté, si bien, que l'on croirait voir d'antiques bâtiments. **Gérald Rouby,** le maître de chai, y produit des vins fruités et élégants. Malheureusement, on ne trouve pas encore leurs vins au Québec.

Château La Gordonne
Domaine Listel, Pierrefeu.
Tél.: 04.94.28.20.35.

Quel beau domaine! Les vignes ondulent au gré des courbes d'un paysage vallonné. Syrah, cinsault, grenache, bourboulenc, ils sont tous là, généreux et fiers, prêts à donner leurs fruits pour produire ces jolis et savoureux vins de Provence. Les propriétaires font des vins modernes, fruités, vifs et frais dans les blancs et les rosés; amples, épicés et fins dans les rouges. Cette maison est également propriétaire de la marque *Listel et Billette, Bouquet de Provence,* en vente à la SAQ.

Château La Lieue
Route de Cabasse, Brignoles.
Tél.: 04.94.69.00.12.

Cette propriété de la famille **Vial** produit des vins bio en Côteaux Varois. Ils travaillent énormément les sols afin que la vigne prenne le mieux possible le caractère du terroir. Ils n'utilisent aucun désherbant, insecticide ou produit de synthèse. Ils produisent un vin blanc aromatique de miel et d'agrumes, vineux et fruité en bouche avec des notes de pierre à fusil et une finale épicée. Un vin rosé léger avec des notes de fruits rouges, frais, délicat, fin et gras. Et un rouge aux arômes de garrigue, de fruits rouges et des tanins épicés marqués par le poivre, en vente au Québec. Ils ont également une *Cuvée Batilde Philomène,* haut de gamme, excellente en rosé et en rouge.

Château la Tour de L'Évêque
Tour Sainte-Anne, Pierrefeux.
Tél.: 04.94.56.33.58.
www.toureveque.com

Issue d'une très vieille famille provençale qui travaille la vigne depuis plusieurs générations, **Régine Sumeire** est une femme de tête et de promotion. Elle a fait beaucoup pour la reconnaissance des vins de Provence. Parmi ses produits, il y a le bien connu *Pétale de Rose,* un rosé très pâle, élégant et féminin, tout en dentelle. Il y a aussi *Château Barbeyrolles,* un vin rouge fruité et charpenté, long en bouche, et *Château la Tour de l'Évêque* en rouge et en blanc.

Château Minuty

Route de Ramatuelle, Gassin.
Tél.: 04.94.56.12.09.

Ce vignoble, situé sur la presqu'île de Saint-Tropez, ne reçoit ni pesticide ni herbicide. Cependant, on travaille avec des méthodes modernes afin d'optimiser la richesse du terroir. Ils commercialisent quatre lignes de produits en blanc, en rosé et en rouge. Deux ont retenu notre attention: La *Cuvée de L'Oratoire,* dont le blanc présente de belles notes florales et minérales avec une pointe d'agrumes. Vif, frais et fruité en bouche avec de la longueur, une belle présence et une finale épicée; La *Cuvée prestige* avec un rosé superbe, puissant, élégant et fin avec une belle structure, des notes de pamplemousse rose et de garrigue. Un grand rosé! Finalement, un rouge concentré et long avec des notes de mûre, de prune et des tanins puissants. Un beau vin de garde, à boire dans huit ou dix ans.

Château Miraval

Route de Barjol, Le Val.
Tél.: 04.94.86.39.33.
www.miraval.com

Thomas Bove, un industriel américain, marié à une Parisienne, cherchait une maison de campagne lorsqu'il a trouvé cette propriété en 1992. Il n'a eu de cesse que de revaloriser le domaine, pièce par pièce. Un domaine magnifique qui vaut le détour. Ses vins sont faits avec la même philosophie et un objectif unique: la qualité. Il fait notamment un superbe vin blanc, un Blanc de blancs aux arômes floraux avec une touche minérale, un très beau volume en bouche, une bonne acidité, bien équilibré et une finale délicatement épicée. Leurs vins ne sont actuellement pas en vente au Québec.

Château Réal Martin
Route de Barjol, Le Val.
Tél.: 04.94.86.40.90.

Ce domaine produit des vins fins et robustes. Plantées en coteaux, loin de la mer, les vignes bénéficient du climat vigoureux et contrasté de l'arrière-pays provençal que l'on retrouve jusque dans le vin. Connus surtout pour leurs rouges puissants, ils élaborent également des rosés et des blancs rafraîchissants et fruités. Leurs vins ne sont plus en vente au Québec et c'est dommage.

Château Sainte-Roseline
Quartier Sainte-Roseline,
Les Arcs-sur-Argens.
Tél.: 04.94.99.50.30. et 33.
www.sainte-roseline.com

Le vin de cette maison, qui est vendu au Québec, ne vient pas du vignoble et n'est même pas vinifié par eux. Il est acheté, puis revendu sous leur nom de négoce, *Roseline Diffusion*. Il s'agit du *Roseline rouge 2004* (+00642595 - 14,95$) et du *Roseline Prestige 2004* (00534768 - 15,45$) qui devrait bientôt changer de nom pour *Perle de rosé*. Des vins pas très intéressants, peu fruités, aux tanins asséchant et amers. Décevants! Par contre, les vins qu'ils produisent sous le nom de *Château Sainte-Roseline Cru classé* sont beaucoup mieux, notamment la *Cuvée Prieur* qui n'est pas en vente au Québec.

Domaine du Grand Cros
Carnoules. Tél.: 04.98.01.80.08.
www.grandcros.fr

Dans ce domaine familial, on travaille avec un souci d'une très grande précision. Ils produisent des vins blancs délicats et aromatiques, des rosés pour la table et des rouges veloutés, concentrés et charnus. Ils ont également un vin rosé mousseux tout en dentelle appelé *La Maîtresse* parce qu'il est si bon qu'on peut commettre l'infidélité au champagne.

Domaine Ludovic de Beauséjour

412, Voie Georges-Pompidou, Draguignan.
Tél.: 04.94.50.91.90.

«Je fais du vin pour partager de bons moments avec des amis», explique **Ludovic Maunier,** l'un des propriétaires. Nous avons particulièrement aimé leur *Cuvée Bacarras l'exception 2004,* un vin rouge où domine la syrah. Un nez ample de confiture de framboises et de violettes avec une touche de boisé. Belle matière, riche et concentré en bouche avec une belle structure et des tanins soyeux. Un vin gras, beau et long, à servir en carafe avec du gibier.

Domaine Saint-André de Figuière

Quartier St-Honoré, La Londe des Maures.
Tél.: 04.94.00.44.70.
www.figuiere-provence.com

Alain Combard a acheté cette propriété située entre Hyères et Bormes-les-Mimosas il y a environ dix ans. Il l'a agrandie, a fait venir ses enfants et d'autres membres de sa famille qui travaillent et vivent sur le domaine. Un vrai petit paradis où l'on produit des vins sincères et savoureux. Les blancs sont vifs, frais et aromatiques. Les rosés sont floraux, fruités et pleins de matière. Et les rouges sont concentrés, ronds et élégants. Au Québec on n'a que le *Vieilles Vignes.*

Domaine de la Courtade

Île de Porquerolles, Hyères.
Tél.: 04.94.58.31.44.
www.lacourtade.com

Ce domaine a la particularité d'être situé sur l'Île de Porquerolles, à quinze minutes en bateau de la presqu'île de Giens, près de Hyères. Créé de toutes pièces **par Henri Vidal,** ce domaine est actuellement la propriété de son fils **Laurent.** L'œnologue et maître de chai est une femme du pays, **Gisèle Buscaglia.** « Autrefois, nous produisions des vins très durs,  des vins de longue garde, explique Laurent Vidal. Grâce à elle, nous avons maintenant des vins plus féminins, plus souples et faciles à boire, mais nous avons conservé leur caractère de garde. » Ils produisent deux gammes de vins en blanc, en rosé et en rouge: l'Alycastre, l'entrée de gamme et la *Courtade,* le haut de gamme. Au Québec, nous avons la *Courtade rouge* 2004 (+10273441 - 36$). Il y a de superbes promenades à faire sur l'île de Porquerolles. On recommande particulièrement les plages de Notre-Dame et de l'Argent, ainsi que la calanque de l'Indienne (époustouflante).

Nouveaux arrivages SAQ

Par Thierry Debeur

Il s'agit ici des nouveaux produits* arrivés sur les tablettes de la SAQ durant l'année précédente la présente édition du *Petit Debeur*. Ces dégustations, réservées à la presse spécialisée, ont été organisées par l'*Association québécoise des agences de vins, bières et spiritueux* à *La Maison du Gouverneur,* à différentes occasions. Voici donc ces produits commentés et critiqués sans complaisance (c'est-à-dire que j'ai goûté et commenté tous les nouveaux produits présentés, les bons et les moins bons).

* Produits qui, en principe, n'ont jamais été vendus à la SAQ auparavant.

Cotation

Exceptionnellement, j'ai noté les vins dans cette section, car la dégustation comporte une date et l'évaluation correspond à ce que l'on a apprécié à ce moment-là. Il est fort possible que le vin ait évolué, en bien ou en mal, depuis la date de la dégustation.

Légende

★ : Correct
★★ : Bon
★★★ : Très bon
★★★★ : Excellent
★★★★★ : Exceptionnel
(★) vaut une demi-étoile

Moins d'étoiles que de signe $: le vin est cher
Autant d'étoiles que de signe $: le vin vaut son prix
Plus d'étoiles que de signe $: le vin est d'un bon rapport qualité-prix

Dégustation du 28-11-2006

VINS ROUGES

Grèce
ac Vin de pays Ismarikos
Syrah 2002, Evangelos Tsantalis +10249125 - 16,75$
Un très beau nez avec des arômes complexes de prune, de baies sauvages, de violette, d'olive noire et de grillé. Rond, souple et fruité en bouche avec des tanins bien dessinés. Frais et agréable avec une bonne longueur sur le fruit qui finit sur un boisé délicat et une note doucement chocolatée. Le servir avec du gibier et une sauce aux fruits ou un camembert bien fait. ★★(★) $($)

États-Unis, Californie,
Monterey
Pinot noir 2005, Blackstone Winery +10544811 - 19,90$
Le caractère du cépage pinot noir s'exprime très bien dans le comté de Monterey. Des arômes fruités de cerise noire et de mûre avec des notes de vanille, de grillé, de bois et de sous-bois. Rond, long et fruité en bouche avec des notes de cerise, de framboise, des tanins souples et une finale légèrement poivrée. Harmonieux et bien fait. ★★★ $$

France, Bordeaux, Médoc
aoc Moulis-en-Médoc,
Cru bourgeois
Château Duplessis 2003, Marie-Laure Lurton +10307954 - 20,40$
Des arômes complexes, vineux et boisés avec des notes animales, de bons fruits (cassis, mûre), de réglisse noir, de poivron et de vanille. Charnu, fruité, équilibré et long en bouche avec des tanins souples et une belle fraîcheur en finale. Le servir avec un poulet aux morilles ou une fricassée d'oie. ★★★ $$

France, Bordeaux, Médoc
aoc Haut-Médoc,
Grand cru classé
Château Belgrave 2001, Vins et vignobles Dourthe +10679774 - 49,75$
Un vin qui ne manque pas de panache! Un nez animal, sauvage qui évolue sur de la vanille, un fin boisé et des notes de torréfié. Très belle charpente en bouche avec fruits noirs (mûre, cassis), des tanins fermes, joliment sculptés et une finale épicée (poivre). Un magnifique potentiel, très bien fait ! Le servir en carafe avec du gibier en sauce grand veneur ou en sauce au poivre. ★★★★ (★) $$$$

45

Dégustation du 30-01-2007

VINS BLANCS

Italie, Abruzzes
igt Terre-di-chieti
Chardonnay 2005,
Farnese Vini
+10331217 - 8,95$
Nez faible avec des notes de miel, de poire et de fleurs d'accacia. Bouche un peu molle avec une bonne longueur sur les arômes de miel et de fleurs, plus une touche de beurre frais et une forte amertume en finale. Le servir très frais (6°C) avec des crevettes sautées à l'ail et à l'huile d'olive. ★ $

Portugal, Vinhos Verdes
doc Vinho Verde
Gazela, Sogrape Vinhos
+10667351 - 9,85$
Nez très végétal avec des notes fruitées, florales et minérales. Pétillant en bouche avec un fruité un peu court, des notes minérales et une finale amère qui apporte de la fraîcheur. Le servir très frais (6°C) avec des sardines grillées ou à l'apéritif avec des petites bouchées de poisson et de fruits de mer. (★) $

Portugal, Vinhos Verdes
doc Vinho Verde
Chardonnay 2005,
Cantine Settesoli
+10669277- 12,95$
Un nez un peu minéral et animal avec des nuances de bonbon acidulé, quelques fruits exotiques et un peu

d'agrumes. Moelleux et fruité en bouche avec quelques épices légères et de l'amertume en finale. Le servir frais (6°C) avec des pâtes aux fruits de mer. ★ $

Portugal, Vinhos Verdes
doc Vinho Verde
Chardonnay Blason de
Bourgogne 2005, Les
Vignerons des Grandes
Vignes +10667423 -
14,95$
Premier nez, fermé. Deuxième nez, très léger avec des notes de bonbon acidulé, de framboise et de violette. Attaque fruitée et grasse en bouche avec des notes d'agrumes et d'un peu de beurre frais ainsi qu'une pointe d'amertume en finale. Le servir frais (6°C) avec des fruits de mer ou un feuilleté d'escargot. ★(★) $($)

VIN MOUSSEUX

France, Champagne
aoc Champagne
Grande Réserve Carte
Rouge, Champagne
Raoul Collet
+10654753 - 50$
Des arômes de pomme verte avec des notes exotiques. Bouche vive, pétillante, longue et fraîche avec une bonne longueur et un peu d'astringence. Le boire frais (8°C) à l'apéritif ou avec des poissons et des fruits de mer en sauce.
★★★(★) $$$$

France, Champagne
aoc Champagne
Sangiovese Farnese Farneto Valley 2006, Farnese Vini +10669331 - 8,95$
Ce vin présente des arômes de fruits (cerise), de chocolat et de tabac avec des notes boisées. Moelleux, rond et fruité en bouche avec des tanins souples et une pointe d'amertume et d'épices en finale. Un vin simple et facile à boire avec une côte de bœuf au jus ou un filet d'agneau. ★ $

VINS ROUGES

Espagne, Aragon
do Campo-de-Borja
Borsao 2005, Bodegas Borsao +10324623 - 11,55$
Au nez, des arômes de petits fruits rouges avec une touche minérale. Fruits rouges en bouche, il manque de corps, des tanins souples et une légère amertume en finale. Le servir frais (15ºC) avec des charcuteries et des viandes rouges. (★) $

Afrique du Sud,
Coastel region
vo Western Cape
Cabernet-sauvignon/ merlot Two Oceans 2006, Bergkelder +10669445 - 11,95$
Des arômes de baies sauvages, de cassis avec des notes de torréfié. Attaque ronde et généreusement fruitée, presque explosive en bouche avec une belle longueur, des tanins souples et une touche de menthe. Un vin simple et tout en fruits, à servir avec des brochettes d'agneau ou des cailles farcies. ★(★) $

France, Sud-Ouest
aoc Madiran
Domaine Sergent 2003, Dousseau +10675036 - 29,60$
Au nez, ce vin présente des notes boisées, florales et fruitées (cerise). Rond, ample et généreusement fruité en bouche, il a une bonne longueur et des tanins souples. Un vin de plaisir à servir avec un cassoulet ou un confit de canard. ★★★(★) $$$(\$)

Afrique du Sud
vo Durbanville
Cabernet/merlot Caapmans 2000, Durbanville Hills Winery +10556897 - 35,75$
Nez animal avec des notes de fumée, de baies sauvages et de cerise noire. Éclatant de fruits en bouche, moelleux et rond avec un bel équilibre, une belle longueur et des tanins soyeux. Le servir en carafe avec un filet de cerf sauce grand veneur ou une fricassée de pigeon aux morilles. ★★★★ $$$(\$)

VIN FORTIFIÉ

Afrique du Sud
vo Durbanville
Warre's Otima,
Symington Family
Estates Vinhos
+10667360 -
39,50$/500ml
Un beau tawni aux arômes de noix fraîches et de cerise à l'eau-de-vie que l'on retrouve en bouche avec un beau fruité, de la longueur et une finale délicatement épicée. Un tawny bien fait, à servir avec des gâteaux secs ou des desserts au chocolat. ★★★★(★) $$$$($)

Dégustation du 06-03-2007

VINS BLANCS

Italie, Latium
igt Anfora
Malvasia-del-Lazio
2005, Fontana di Papa
+10699687 -
14,10$/1000ml
Des odeurs végétales avec des notes d'agrumes et de bois. Végétal, acide et vert en bouche qui finit sur des notes de bonbon acidulé et de fruits. Nous n'avons pas aimé. (★) $($)

Italie, Sicile
igt Inycon
Fiano 2005, Cantine
Settesoli +10675491 -
15,75$
Au nez, on trouve des arômes de rose, de litchi, de genêt et de fruits exotiques. Vif, fruité et frais en bouche avec une finale épicée et une pointe d'amertume qui ajoute à sa fraîcheur. Le servir frais (8°C) avec des mets asiatiques ou des poissons étuvés à chair blanche. ★(★) $($)

France, Vallée du Rhône
ac Vin de Pays de
l'Ardèche
Grand Ardèche 2003,
Louis Latour
+10678211 - 18$
Des arômes de beurre frais dominants avec des notes de fleurs d'accacia. Attaque fruitée en bouche qui évolue rapidement sur le beurre. Bonne longueur, frais, avec une finale épicée et de l'amertume. Le servir frais (8°C) avec des poissons grillés ou des tranches de veau pannées à la milanaise. ★ $$

VINS ROUGES

Chili, Vallée Centrale
Carménère Araucano
2005, J. et F. Lurton
+10694413 - 15,35$
Au premier nez, on sent des effluves d'eucalyptus que l'on retrouve au deuxième nez avec des notes minérales. Attaque ample et fruitée en bouche avec des notes moelleuses, presque

sucrées, du fruit très mur, cuit qui finit un peu court avec des tanins serrés, asséchants et une touche amère. Le servir frais (8°C) avec des sardines grillées, une friture d'éperlants ou une dorade au fenouil. ★(★) $($)

Chili, Valle del Rapel do Carmenère Reserva
Carmenère Reserva 2004, Baron Philippe de Rothschild +10692653 - 15,95$
Au premier nez ce sont des arômes métalliques avec des notes sang de boeuf, animales qui évoluent sur des notes d'olive, de lys rose. Attaque moelleuse et fruitée (baies sauvages) en bouche où l'on retrouve l'olive noire avec des tanins asséchants. À boire en mangeant un rôti de porc aux pruneaux ou un tournedos aux morilles. ★★ $($)

Chili, Valle del Maule do Carmenère Reserva
Carmenère Calina Reserva 2004, Vina Calina +10692696 - 16,25$
Premier nez végétal (lait de figue) qui évolue sur de la mûre et du cassis avec des traces d'eucalyptus, de torréfié et de boisé. Attaque ronde et moelleuse, très fruitée (mûre) avec une touche de violette. Ample et très long avec des tanins soyeux et une finale doucement grillée. Bien fait! À boire avec une entrecôte au poivre vert, un rôti de cerf

ou un filet de chevreuil sauce poivrade. ★★(★) $($)

Chili, Vallée Colchagua
Cabernet-Sauvignon Reserve 2004, Viu Manent +10694325 - 17,55$
Ce vin présente des arômes de mûre et de cassis avec des notes de menthe et de grillé. Attaque moelleuse, presque sucrée en bouche avec des notes fruitées (cerise noire, prune cuite) et des tanins rustiques, un poil asséchants. Belle longueur sur le fruit et légère amertume en finale. Le servir en carafe avec des rognons sauce moutarde ou sauce madère. ★★(★) $$

France, Vallée du Rhône aoc Côtes-du-Rhône-Villages
L'Andeol Rasteau 2004, Perrin et Fils +10678149 - 19,25$
Premier nez, un peu fermé. Au deuxième nez se révèlent des senteurs animales, sauvages, de réglisse et de tabac, mais surtout, une belle expression de la grenache. Gouleyant et long en bouche avec des fruits très murs (cassis, cerise noire, mûre sauvage), des tanins épicés et légèrement asséchants. Servir avec une fricassée de cèpes, des côtes de porc grillées ou un rôti de veau aux olives. ★★(★) $$

*France, Vallée du Rhône
aoc Côtes-du-Rhône-
Villages*
**Le Pavillon des
Courtisanes Cairanne
2003, Les Vins
Jean-Luc Colombo
+10678114 - 24$**
Un nez animal, sang de
boeuf avec des baies sau-

vages et de la réglisse noire. Attaque moelleuse en
bouche, ample et fruitée
(mûre) avec des tanins asséchants. Le servir en carafe
avec un poulet aux olives,
des cailles farcies ou un magret de canard.
★★★ $$($)

Dégustation du 04-09-2007

VINS BLANCS

*Italie
igt Lazio*
**Anfora 2006, Fontana
Di Papa +10699687 -
13,95$/1L**
Nez de zeste de pample-
mousse, de confiture de pru-
nes blanches et de bananes.
Acidulé, vif et frais en bou-
che avec un léger fruité,
quelques épices et des no-
tes végétales. Un vin désal-
térant, à boire frais (6°C)
au bord de la piscine à l'a-
péro. Vendu en contenant
style Tetra Pak. ★ $

*Italie, Émilie-Romagne
docg Albana-di-Romagna*
**Colle del re 2006,
Umberto Cesari
+10780354 - 14,95$**
Un nez très minéral (calcai-
re, craie) avec des notes flo-
rales et végétales. Ample,
fruité et frais avec une fi-
nale légèrement amère. Le
servir frais (8°C) avec une
truite à l'oseille ou des mou-
les marinières. ★(★) $($)

*Allemagne,
Mosel-Saar-Ruwer
ac Riesling Qualitätswein*
**Zilliken Butterfly 2005,
Zilliken +10748098 -
17$**
Nez typique de fins miné-
raux (pétrole), de zeste d'a-
grumes, de biscuit et de ma-
caron. Perlant et minéral
en bouche, un côté sucré
assez bien rattapé par une
bonne acidité, mais un
manque d'harmonie et de
fondu. Le servir très frais
(6°C) en apéro ou avec des
fruits de mer sautés à l'ail
et aux piments. ★(★) $$

*France, Bourgogne
aoc Bourgogne*
**Chardonnay Réserve
2005, Pierre André
+10706761 - 18$**
Nez léger et délicat de
fleurs, d'agrumes et de
fruits exotiques. Bouche vive, fraîche et fruitée qui
évolue sur des tanins souples et des épices. Le servir
frais (8°C) avec un saumon
cuit sur sa peau ou une daurade au four. ★★ $$

Italie, Campanie
doc Lacryma-christi-del-
Vesuvio
Lacryma-christi-del-
Vesuvio 2005,
Feudi di San Gregorio
+10675415 - 19,60$
Un nez animal, réduit, de
mastic à vitre et d'alcool.
Défectueux. Une deuxième
bouteille n'a pas été meilleure. Manque de chair en
bouche, court avec des notes végétales. Pas terrible!
$$

Italie, Latium
igt Lazio
Ferentano 2004,
Falesco +10782085 -
20,40$
Nez de vanille, de fleurs,
d'agrumes avec une touche
de boisé et un peu d'alcool.
Bon soutien acide en bou-
che, avec du fruit généreux,
de la brioche au beurre et
une touche de menthe. Une
légère odeur de solvant
vient un peu gâcher le tout.
Le servir frais (8°C) avec
une cassolette de fruits de
mer. ★(★) $$

France, Bordeaux, Graves
aoc Graves
Château Haut Selve
2004, Château de
Branda +10752687 -
23,25$
Un nez ample et minéral,
sensation de réduit, de beurre, vanillé, léger boisé. Bouche un peu mince, verte et
acide, et une finale amère.
Manque de fruits. Je n'ai
pas beaucoup aimé.
★ $$($)

Italie, Vénétie
doc Soave-classico
Le Bine 2005,
Tamellini +10706509 -
25,95$
Un nez qui semble un peu
réduit, mais où se dégage
des odeurs de miel, de fleurs
et de confiture de coings et
de quetsches. Gouleyant,
fruité et rond en bouche
avec quelques épices en fi-
nale et un peu d'alcool. Le
servir frais (8°C) avec un
loup grillé au fenouil ou des
crevettes sautées à l'ail.
★★ $$$

VIN BLANC DOUX

France, Languedoc-
Roussillon
aoc Muscat-de-Frontignan
Domaine d'Arain,
Frontignan +10363999
- 9,15$/500ml
Très belle expression du
fruit, concentré avec du raisin sec et de la pâte de
fruits aux coings. Généreux,
long, riche et frais en bouche avec quelques épices et
un bel équilibre. Un vin
doux très bien fait, d'un
excellent rapport qualité-
prix. Le servir avec un foie
gras, un fromage bleu ou
une tarte Tatin, des classiques quoi! ★★★ $

VINS ROUGES

Espagne, Vieille-Castille
ac Vino de la tierra de
Castilla
Protocolo 2005,
Dominio de Eguren
+10754439 - 12,35$
Des arômes de framboise,

de mûre et de violette avec de la vanille, de la réglisse, un léger boisé et des épices. Attaque fruitée et moelleuse en bouche qui évolue sur des tanins bien ciselés. Sympa pour le prix. Le servir avec une assiette de charcuterie ou une côte de boeuf au jus. ★★ $

Espagne, Levante
doc Jumilla
Panarroz 2006,
Bodegas Olivares
+10540570 - 12,95$
Des odeurs de grillé, de cassis et de cerise noire avec un peu d'alcool et de bois. Attaque fruitée et épicée en bouche avec des tanins rudes et des notes de bois. Manque de finition. Le millésime 2006 de ce vin est moins bien que le 2005. ★(★) $($)

Argentine
Cabernet-sauvignon
2006, Globe Trotter
+10699126 -
13,25$/1L
Ce vin présente un nez indéfinissable de cassis, de mûre, d'épices avec des notes animales et une touche végétale. Fruité en bouche avec des tanins asséchants et rudes. Ordinaire, manque de finition. Vendu en contenant de style Tetra Pak. $($)

Italie, Abruzzes
doc Montepulciano-
d'Abruzzo
Riparosso Illuminati
2005, Dino Illuminati
+10669787 - 13,95$
Nez sauvage, de garrigue,

de fruits rouges, de baies sauvages, de poivre et de torréfié. Attaque très moelleuse avec une belle masse de fruits (prune, cerise), des tanins assez souples et quelques épices en finale. Le servir avec un spaghetti bolognaise ou des grillades de viande rouge. ★★ $($)

France, Sud-Ouest
aoc Cahors
Pigmentum malbec
2004, Georges
Vigouroux +10754412
- 14,25$
Le nez est un peu fermé. On y distingue, cependant, des petits fruits rouges. Mieux en bouche, gouleyant et fruité avec des tanins rudes, rustiques et une touche mentholée. Par ailleurs, ce vin manque de personnalité ainsi que la puissance des vins de cette appellation. ★ $($)

Italie, Sicile
igt Sicilia
Syrah/Nero d'Avola
2004, Globe Trotter
+10699581 -
14,75$/1L
Ce vin offre un nez de réglisse et de fruits rouges. Bouche courte et sucrée. Un vin assez quelconque. Vendu en contenant style Tetra Pak. $($)

France, Provence
aoc Côtes-de-Provence
Cuvée du Commandeur
2003, Vieux Château
d'Astros +10781568 -
17$
Un nez complexe et concentré de fruits rouges (mû-

re, cassis) avec de la vanille, un léger boisé, une touche de menthe et quelques épices. Fruité et long en bouche avec une belle structure et des tanins bien dessinés. Un vin bien fait, à mettre en cave ou le servir en carafe avec un carré d'agneau sur le grill ou un confit de canard. Vraiment très bien, surtout pour le prix. ★★★(★) $$

France, Vallée du Rhône aoc Costières-de-Nîmes
Château Beaubois Élégance 2005 +10678915 - 17,50$
Des arômes de fruits rouges (cassis, mûre), de réglisse, de grillé avec une note métallique et boisée. Attaque ronde et fruitée en bouche qui évolue sur des tanins asséchants et du bois. Finale légèrement amère. Le servir avec des grillades de viande rouge ou des saucisses grillées. ★★ $$

France, Sud-Ouest aoc Madiran
Odé d'Aydie 2004, Vignobles Laplace +10675298 - 18,25$
Nez un peu faible avec des fruits rouges, un léger boisé, une touche d'alcool et de réglisse. Fruité et épicé en bouche avec des tanins rudes, asséchants, et une certaine fraîcheur à l'attaque. Le servir en carafe avec une fricassée de volaille aux morilles ou un confit de canard. ★★ $$

Italie, Campanie doc Lacryma-christi-del-Vesuvio
Lacryma-christi-del-Vesuvio 2005, Feudi di San Gregorio +10675407 - 19,60$
Un peu fermé au nez, ce vin présente des odeurs animales, grillées et de réduit. Attaque gouleyante et fruitée en bouche qui finit un peu court avec de l'amertume. (★) $$

Argentine, Mendoza
Cabernet-sauvignon Medalla 2004, Trapiche +10493806 - 21,50$
Des arômes de fruits rouges et d'eucalyptus avec de la réglisse et un léger boisé. Ample et très fruité en bouche avec des tanins jeunes qui commencent à s'arrondir, et des épices (poivre) en finale. Un vin généreux et savoureux! Le servir avec une épaule d'agneau en ragout ou un sauté de chevreuil. ★★★ $$($)

Afrique du Sud ac Darling
Shiraz Onyx 2003, Darling Cellars +10678368 - 23,15$
Nez sauvage, animal avec quelques fruits (cerise, mûre), des notes boisées et torréfiées. Léger manque de netteté. Belle attaque fruitée et moelleuse en bouche avec une pointe d'acidité qui équilibre une sensation de sucre. Des tanins asséchants et une finale amère. Le mettre en carafe une heure avant de le servir avec des rognons de veau

au Madère ou un fromage relevé comme l'époisses. ★★ $$($)

Grèce
ac Vin de pays
Grèce-Vallée centrale
Syrah Avantis 2004, Mountrihas Estate +10703800 - 23,15$
Ce vin offre des arômes de fruits secs, datte, pruneau, confiture avec des notes métalliques et un petit côté chimique. Attaque très fruitée en bouche avec des tanins soyeux. Bon, sans plus. On peut le servir en carafe avec des grillades aux herbes de Provence ou des mets relevés. ★★ $$($)

Canada, Ontario,
Niagara Peninsula
vqa Niagara
Pinot noir Village Reserve 2004, Le Clos Jordanne +10745487 - 24,30$
Nez de Pinot noir bien typé avec des arômes de cerise noire, de pain croûté avec un léger boisé et des notes de torréfié. Ample, généreux, long, fruité (cerise noire) et juteux en bouche avec des tanins souples et une finale délicatement poivrée. Le servir avec un poulet rôti aux pruneaux ou un sauté de boeuf.
★★★(★) $$($)

France, Bordeaux, Graves
aoc Pessac-Léognan
Château de Rouillac 2003, Lafragette de Loudenne +10752804 - 34,25$
Un nez animal avec des no-

tes de grillé, de cacao, de fruits rouges (mûre, cerise noire), un léger boisé et une touche de vanille. Ample, rond et bien fruité en bouche avec des tanins un peu asséchants. Un bon vin qui a de la mâche. À servir avec une entrecôte de boeuf sauce au foie gras ou un filet de caribou. ★★★★ $$$($)

Italie, Lombardie
doc Oltrepo-Pavese
Pinot nero 2002, Tenuta Mazzolino +10780522 - 36,25$
Un nez animal avec de la cerise noire et des notes de torréfié. Bouche fruitée et ronde, sensation de déséquilibre due à l'alcool et aux tanins asséchants. Le servir en carafe…
★★ $$$($)

États-Unis, Californie
Syrah Foley Rancho Santa Rosa Santa Rita Hills 2003, Kobrand Corporation +10754172 - 43$
Au nez, de beaux fruits rouges avec des notes d'épices, de garrigue, de poivre et de boisé qui masque un peu le fruit, cependant. Sensation de sucre en bouche avec une belle masse de fruits (prune, cerise, mûre) et des tanins souples. Ce vin mériterait un séjour de deux ou trois ans en cave avant d'être bu… et, il pourrait bien surprendre. Le servir en carafe avec une entrecôte au poivre vert ou un carré d'agneau rôti.
★★★ $$$$

GUIDE D'ACHAT
Sélection 2008

AVERTISSEMENT

Les **dégustateurs** qui vous sont présentés dans ces pages ont choisi et dégusté les produits de la **Sélection** en toute liberté et sans aucune contrainte ni attache commerciale d'aucune sorte.

Aucun producteur, agent de promotion ni représentant des ventes n'a payé pour faire figurer l'un des produits que nous vous proposons.

Le choix des **dégustateurs** fut donc strictement personnel, sélectif et délibéré.

La rédaction

Claude BOIVIN
Enseignant
Brasseur artisan
Juge en bières
Journaliste brassicole
Fondateur de l'Institut
de la bière

Claude Boivin est l'un des principaux experts de la dégustation des bières au Québec. Il voyage sur deux continents à la recherche de la meilleure bière au monde. Son périple dure maintenant depuis près de vingt ans et force est de constater qu'il ne l'a toujours pas trouvée.

En tant que juge certifié par le *Beer Judge Certification Program* (BJCP), il est appelé chaque année à juger des bières dans plusieurs concours qui ont lieu en Amérique du Nord.

En tant que chroniqueur et journaliste aux *Carnets de Ma Bière* et en tant que collaborateur à la revue *Bièremag*, il a écrit de nombreux articles et chroniques sur la bière.

Il a participé à la rédaction de nombreux livres sur la bière, sa dégustation et son accord avec les mets. Son premier ouvrage sur le sujet a paru aux *Éditions Arion*.

De plus, il est fondateur de l'*Institut de la bière*, la plus importante association francophone d'amateurs de bière en Amérique du Nord et la seule association du genre à être reconnue sans but lucratif.

Finalement, Claude Boivin anime plusieurs conférences et ateliers lors de festivals brassicoles et gastronomiques.

Thierry DEBEUR

Journaliste, éditeur,
critique gastronomique
et vinicole

Chevalier de l'ordre du
Mérite agricole français

Personnalité de l'année
2006 de la SCCPQ

Éditeur du présent guide et du *Guide Debeur*, Thierry Debeur s'est fait connaître en tenant des chroniques régulières et en écrivant des articles dans plusieurs revues dont *La Barrique* (magazine spécialisé en vins), *Magazine M*, *Vivre*, *Montréal ce mois-ci*, *L'Hospitalité*, *L'Actualité*, et en coanimant l'émission radiophonique *Plein Soleil* avec André Marcoux, à CKMF 94. Il a également animé, avec Bruno Lacombe, l'émission *Gourmet gourmand* à CFLX FM Sherbrooke. Enfin, il a été animateur à l'émission télévisée *Guide Debeur* à Canal Évasion. Actuellement, Thierry Debeur est chroniqueur à la radio au 98,5FM, chaque samedi à 9h30, à l'émission *Dutrizac le Week-End* animée par Benoît Dutrizac, et au 103,3FM tous les quinze jours, le vendredi de 13h à 13h45, à l'émission *Vie de banlieue* animée par Diane Trudel.

Membre de nombreux jurys nationaux et internationaux dont juge pour le Mérite de la restauration 1986 et 1987, membre du Jury international des Sélections mondiales, dégustateur officiel au Concours des grands vins de France à Mâcon, il est également l'auteur du livre *Les Arts de la table* aux éditions La Presse. Président ex-officio de l'Association canadienne pour la presse gastronomique et hôtelière, Thierry Debeur a remporté en 1987 le deuxième Prix des critiques canadiens francophones des restaurants de l'année, pour son excellence professionnelle. En 2003, il est nommé Personnalité journalistique canadienne de l'année par la Fédération culinaire canadienne, qui lui remet également le trophée Signature pour l'est du Canada et le trophée Sandy Sanderson pour le Canada.

Thierry Debeur est membre de la Fédération internationale de la presse gastronomique vinicole et touristique, de la Fédération professionnelle des journalistes du Québec, de la Fédération internationale des journalistes et des écrivains du vin, de l'Association canadienne des sommeliers professionnels et membre honoraire permanent de la Société des chefs, cuisiniers et pâtissiers du Québec (SCCPQ).

Il est aussi Membre de l'Ordre Mondial des Gourmets Dégustateurs, Commandeur de l'Ordre du bon temps de Médoc et des Graves, Prudhomme de la Jurade de Saint-Émilion, Hospitalier de Pomerol, Vigneron d'honneur des Vignerons de Saint-Vincent et Compagnon du Beaujolais.

Jean-Gilles JUTRAS
Premier Ambassadeur du vin au Québec

Membre d'un grand nombre de confréries bachiques et gastro-nomiques, Jean-Gilles Jutras est également conférencier, profes-seur et dégustateur de vins chevronné. Il a été responsable des conférences-cours sur le vin pour la section de Québec de l'Ami-cale des sommeliers du Québec, titulaire de la chronique sur le vin dans des stations radiophoniques de la Capitale, collaborateur (gastronomie et vin) à diverses publications tant locales qu'inter-nationales et, pendant onze ans, chroniqueur pour le quotidien *Le Soleil* de Québec. En 1998, il a publié *Bacchus m'a raconté* aux éditions Anne Sigier.

Jean-Gilles Jutras fut également membre du jury international lors du concours Les Sélections mondiales (SAQ) à six reprises entre 1986 et 2002, membre du jury régional pour le Concours du meilleur sommelier en vins et spiritueux de France (SOPEXA) en 1987, 1988 et 1990, membre international pour les Nuits des oscars des vins du Languedoc-Roussillon, à Montpellier, France, en 1990.

En 1994, membre du jury international du 2e conccours oeno-logique de Vérone à Vinitaly. De 1991 à 1995, Jean-Gilles Jutras a été président de l'Association canadienne pour la presse gastronomique; il est membre de la FIJEV (Fédération interna-tionale des journalistes et écrivains sur la vigne, le vin et les spiri-tueux) et en 2002, membre du jury international du 3e concours des vins "Cidade do Porto" au Portugal. Enfin, il collabore à la publication *Vins et santé*, premier guide du vin dédié à votre santé, aux *éditions Du voyage* (France).

Ambassadeur du vin au Québec, Jean-Gilles Jutras fut le premier à recevoir cette reconnaissance, en mars 1993.

Photo Kathy Smith

Patrice TINGUY
Professeur en sommellerie
Sommelier conseil
Conférencier-animateur
Vice-président-directeur
technique de l'Association
canadienne des sommeliers
professionnels
Meilleur sommelier
du Québec 1997
Juge-expert de concours
nationaux et internationaux

Diplômé en administration hôtelière en 1986 (BTH-BTS) de l'école de Saint-Nazaire en France, **Patrice Tinguy** arrive en 1991 à Sainte-Agathe-des-Monts, où il travaille comme Maître d'hôtel au restaurant **Chez Girard** (★★ Debeur). En 1993, il suit le cours de sommellerie de **Jacques Orhon**, à l'*École hôtelière des Laurentides*, et travaille comme sommelier au **Manoir Hovey** (★★★★ Debeur), à North Hatley en 1994.

En novembre 1997, on lui propose d'enseigner en service de la restauration au *Pavillon du Vieux-Sherbrooke* du *Centre 24-juin*, où il est responsable du cours de sommellerie qui s'y donne depuis janvier 2001.

Parallèlement, il a terminé 2e meilleur sommelier au Québec en 1995 et 2e *Meilleur sommelier SOPEXA* pour le Canada en 1996. En 1997, il obtient le titre de *Meilleur sommelier du Québec* ainsi que la place de candidat suppléant pour le Canada au *Concours mondial de la sommellerie* qui s'est déroulé en 1998, à Vienne, en Autriche.

Patrice Tinguy a également travaillé en collaboration avec la *SAQ-Restauration* et l'*Association des restaurateurs du Québec* à l'élaboration du vidéo de formation «**Le succès passe par le vin**». Depuis novembre 2002, il occupe le poste de vice-président-directeur technique au sein de l'Association Canadienne des Sommeliers Professionnels, et il officie en tant que bénévole à **Montréal Passion Vin**, un évènement caritatif d'envergure internationale. Depuis avril 2004, il participe à différents concours nationaux et internationaux en tant que juge-expert.

Enfin, il communique sa passion du vin en tant que sommelier-conseil dans différentes activités telles que des cours privés, des chroniques, des dégustations et des voyages de formation viti-vinicoles.

SYMBOLES UTILISÉS

Le nom de chaque produit est toujours suivi du prix suggéré au moment de la mise sous presse. Il est possible que ce dernier soit modifié au moment de l'achat. Il en est de même pour le millésime qui peut aussi avoir changé.

Code SAQ
Les produits vendus par la SAQ comportent toujours un code produit CCNP **(+00000000)** qui, dans ce guide, se trouve inséré dans le nom du produit, juste avant le prix. Cela suppose qu'un produit sans code ne sera vendu que sur les lieux de production (certains produits de micro brasserie, de vignoble québécois, de cidrerie, etc.) ou encore dans certains points de ventes exclusifs.

Le 1ᵉʳ janvier 2005, la **Société des alcools du Québec** allonge ses codes produits de plusieurs chiffres avec un nouveau code appelé CUP. Ainsi, on passe de huit chiffres (code CCNP) à quatorze (code CUP), et ce, afin d'harmoniser son système avec les codes à barres. Cela devient néanmoins plus difficile à gérer pour les journalistes qui devront à l'avenir présenter des noms de produits alourdis d'un très long numéro. Même les employés du service à la clientèle de la SAQ préfèrent que l'on utilise l'ancien code CCNP plutôt que le CUP, quand nous les appelons pour faire une recherche sur un produit.

(D): Produit vendu au domaine.
(E): Produit vendu en épicerie.

 Indique le Meilleur choix des dégustateurs.

Signatures des dégustateurs

(CD) : Claude Boivin
(JGJ) : Jean-Gilles Jutras
(PT) : Patrice Tinguy
(TD) : Thierry Debeur

APPELLATIONS

a.o.c.: France – *Appellation d'Origine Contrôlée* s'applique à des vins soumis à une réglementation très stricte dans laquelle sont définis la région de culture, les cépages autorisés ainsi que d'autres paramètres rigoureux définis par l'INAO (Institut National des Appellations d'Origine). Les vins reçoivent leur agrément après dégustation.

Classico: Italie – Zone vinicole qui se trouve au centre géographique d'une appellation et qui est, bien sûr, la meilleure (i.e. Soave Classico).

d.o.: Espagne - *Denominación de Origen* sont des vins dont l'origine est certifiée.

d.o.c.: Espagne - *Denominación de Origen Certificata* s'applique à des vins de qualité supérieure.
Italie - *Denominazione di Origine Controllada* certifie l'origine d'un vin, comme l'a.o.c. française.
Portugal - *Denominaçào de Origem Controlada* certifie l'origine d'un vin, comme l'a.o.c. française.

d.o.c.g.: Italie - *Denominazione di Origine Controllada e Garantita* est une garantie additionnelle à la d.o.c. Elle signifie que les vins ont été dégustés et ont reçu l'agrément.

i.p.r.: Portugal - *Indicaçào de Proveniencia Regulamentada* est une deuxième appellation d'origine.

LBV: Portugal - *Late Bottled Vintage* s'applique principalement aux vins de Porto millésimés qui ont vieilli en fût de 4 à 6 ans.

v.d.q.s.: France - *Vin de Qualité Supérieure*, mais de moindre qualité que les a.o.c.

v.q.a.: Canada - *Vintage Quality Association* oblige les adhérents (sur une base volontaire) à respecter une charte de qualité. Jusqu'à présent, le Québec n'a pas souscrit à cette garantie pour le consommateur.

v.q.c.: Québec – *Vin de qualité Certifiée*. Le 28 juin 2000, la Société des alcools du Québec a lancé les v.q.c., afin de rehausser la qualité des vins vendus dans les épiceries et les dépanneurs du Québec.

v.q.p.r.d.: Europe - *Vin de Qualité Produit dans une Région Déterminée*, appellation européenne des vins appartenant aux a.o.c. et aux v.d.q.s.

Vin de table: Vin de tous les jours qui ne bénéficie ou qui n'est soumis à aucune appellation.

Vin de Pays: Vin de table soumis à une réglementation délimitant le territoire, l'encépagement, la qualité, etc. Ressemble un peu à l'a.o.c., mais à un niveau inférieur, quoique…

BLANCS

VINS BLANCS
À MOINS DE 12$

Argentine, Mendoza
Fuzion Chenin/torrontes 2007, Familia Zuccardi +10754199 - 8,20$
À ce prix-là et avec le plaisir en plus? Oui, je veux bien en faire mon quotidien! Des arômes de fleurs (acacia, chèvrefeuille) et de fruits (agrumes, poire) avec une touche minérale. Généreusement fruité en bouche, vif et frais avec du fruit exotique et quelques épices douces. Un vin agréable, simple et facile. À servir frais (6ºC à 8ºC) avec des mets asiatiques, une salade de crevettes ou un poisson grillé. (TD)

Italie, Abruzzes
igt Terre-di-chieti
Chardonnay Farnese 2006, Farnese Vini +10331217 - 9,95$
Les Abruzzes (Abruzzo) comptent 9 IGT dont Terre di Chieti d'où provient ce chardonnay gagnant d'une Grande médaille d'or aux Sélections mondiales des vins 2004. Il n'est pas surprenant que l'on trouve ce vin gentil à moins de 10$ (9,95$). Vin de couleur paille, le chardonnay Farnese est harmonieux et aromatique. On le sert à 12ºC sur un filet de plie aux fines herbes. (JGJ)

Portugal, Vinhos Verdes doc Vinho verde
Vinha Verde 2006, Quinta do Minho +00597542 - 10,25$
De jeunes vignes de loureiro et de trajadura, dont la moyenne d'âge est de 10 ans, produisent ce type de vin frais, léger, un tantinet perlant, peu alcoolisé, seulement 10%. On l'aime en été mais aussi, devant le foyer, avec quelques millilitres de porto blanc. Bon compagnon des huîtres, il fera très bien, sur des mousses de poisson, en début de repas, servi à 7°C. (JGJ)

Portugal, région de Lisbonne Vinho regional Terras do Sado
Vale da Judia 2005, Santo Isidro de Pegoes +10513184 - 10,60$
Autant la robe est pâle que le nez est aromatique! On y retrouve surtout des notes de fruits exotiques typiques du muscat, cépage unique de ce vin. L'attaque en bouche est sèche. Le vin est frais et léger mais de bonne tenue. Finale légèrement acidulée. Servez-le à 8°C avec une mousse de crevettes ou de saumon. (PT)

France, Languedoc-Roussillon ac Vin de pays d'Oc
Sauvignon blanc, Les Jamelles 2006, Badet Clément et Cie +642827 - 10,15$
Un vin blanc tout simple, généreux, aux arômes d'a-

BLANCS

grumes, de pamplemousse avec des notes minérales et végétales. Vif, frais, gouleyant et gentiment fruité en bouche avec une belle longueur et une finale herbacée. Un vin de plaisir. À boire frais (8°C) avec un fromage de chèvre affiné, des poissons grillés ou des fruits de mers servis sur des pâtes fraîches. (TD)

France, Sud-Ouest
ac Vin de pays
des Côtes-de-Gascogne
Dom. Du Tariquet, Ugni blanc-Colombard 2006, P. Grassa Fille & Fils +521518 - 11,10$
Un charmant vin de pays, au nez de fleurs et de fruits tropicaux, de mangue et un peu d'agrumes. Vif, équilibré, frais et fruité en bouche avec une belle acidité qui lui ajoute de la fraîcheur et une finale citronnée. Le servir frais (8°C) à l'apéritif avec des fruits de mer sautés à l'ail ou un fromage de chèvre affiné. (TD)

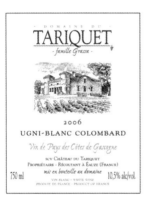

Notes: _____

_____

_____

_____

_____

_____

_____

_____

_____

_____

VINS BLANCS DE 12$ À 20$

France, Sud-Ouest
ac Vin de pays
des Côtes-de-Gascogne
**Gros manseng/Sauvignon
La Gascogne 2006,
Alain Brumont
+548883 - 12,30$**
Le gros manseng, cépage autochtone du sud de la France, est choyé par Alain Brumont qui s'était promis de faire de « grands vins » avec des raisins traditionnels du terroir gascon. La preuve : La Gascogne 2006, a tout ce qu'il faut pour plaire aux amateurs : robe aux reflets dorés, arômes tropicaux au nez et saveurs de soleil et de réconfortants fruits exotiques. De l'apéritif aux plats de fruits de mer, à 10°C la Gascogne enchantera qui y mettra le nez et les lèvres. (JGJ)

France, Vallée de la Loire
aoc Touraine
**Domaine Bellevue
2005, Patrick Vauvy
+10690404 - 13,35$**
On oublie peut-être trop souvent les vins de Touraine! Celui-ci offre en plus de ses qualités propres, un prix alléchant. En le goûtant on apprécie ses arômes de fleurs et de fruits, notamment une touche d'agrume. En bouche l'équilibre et la longueur sont bien présents. À déguster servi à 9°C sur

BLANCS

un filet de doré ou de plie au beurre. (JGJ)

Afrique du Sud,
Western Cape
Arniston Bay, chenin blanc-chardonnay 2007, Omnia Wines +10669453 - 13,50$
Il n'y a pas si longtemps, on connaissait peu de chose de l'Afrique du Sud. Voici qu'on peut maintenant découvrir des vins de qualité certaine, comme celui-ci issu de 80% de chenin blanc et 20% de chardonnay, ce qui donne un produit frais, délicat et plein de saveur à seulement 13,50$. Humez le melon et l'ananas, que vous retrouverez en bouche par après, soulignés d'un filet de citron vert. Versez-le à 10°C dès l'apéritif, puis sur des coquilles st-jacques. (JGJ)

France, Vallée du Rhône,
Luberon
aoc Côtes-du-Luberon
La Vieille Ferme 2006, La vieille ferme +298505 - 13,70$
J'apprécie ce vin du sud, produit entre Avignon et Aix-en-Provence, pour ses notes très agréables de poires et de prunes jaunes, pour son attaque ronde qui prend de l'amplitude au fur et à mesure que le vin se réchauffe en bouche. La finale nous rappelle les fines herbes. Je suggère de le servir à 10°C sur un filet de doré poêlé sauce au thym à l'hydromel. (PT)

Canada, Québec, Dunham
L'Orpailleur 2006,
Vignoble de l'Orpailleur
+704221 - 13,90$
Ce vin qui a déjà remporté de nombreuses médailles dans différents concours d'envergure, a remporté la médaille d'or de la Coupe des Nations 2007 à Québec. Des arômes d'agrumes, de pomme verte et de fleurs blanches avec une touche minérale. Léger, frais et fruité en bouche avec des notes de violette, de banane, de poire et quelques épices en finale. Le servir frais (8°C) avec des huîtres sur écailles ou des fruits de mer en sauce. (TD)

France,
Languedoc-Roussillon
Vin de pays d'Oc
Viognier 2006,
Château de Gourgazaud
+912469 - 14,85$

Cette région fut plantée de vigne par les Romains. Un terroir calcaire qui confère aux vins, surtout les blancs, une certaine minéralité que l'on retrouve ici avec une belle ampleur aromatique. Des notes d'agrumes (pamplemousse) avec de l'abricot et des fruits exotiques. Vif, gouleyant et généreux en bouche avec une belle longueur et quelques épices. Tout pour plaire! Le déguster frais (8°C) à l'apéro ou avec des mets asiatiques comme les sushis et les sashimi. Ce vin a obtenu la médaille d'or au concours des Vins de Pays (Paris 2007) et la médaille d'ar-

BLANCS

gent au concours Mondiale de Bruxelles 2007. (TD)

*Espagne, Catalogne
do Catalunya*
**Vina Esmeralda Moscatel/ gewürztraminer 2005, Miguel Torres
+10357329 - 14,90$**
Assemblage fort sympathique de 85% de muscat et 15% de gewürztraminer. D'une belle fraîcheur, on y trouve des parfums fruités de pêche blanche et de banane assortis de notes florale et épicée. Magnifique vin simple à servir autour de 8ºC sur la terrasse lors d'une belle journée ensoleillée. Accompagner d'olives vertes marinées aux zestes d'orange. (PT)

*France, Bourgogne
aoc Mâcon-villages*
**Blason de Bourgogne 2005, Vignerons des grandes vignes
+10667423 - 14,95$**
Qui aime le chardonnay bourguignon sera ravi par ce mâcon-villages d'un agréable fruité et d'une plaisante longueur, en bouche. On l'appréciera, servi à 11ºC particulièrement sur des truites rôties au four, farcies de citron et de tranches d'oignon judicieusement arrosées, en fin de cuisson, d'un filet de cognac. (JGJ)

Italie, Toscane
igt Toscana
**Chardonnay
Albizzia 2006,
Marchesi de Frescobaldi
+541235 - 14,95$**
Albizzia est le nom d'une plante découverte en 1749, par Filippo Degli Abizzi, ancêtre des Frescobaldi. Ce joli vin de Toscane offre des arômes d'agrumes, de poire, de biscuit et de fleurs blanches avec une touche minérale. Vif, frais, long et fruité en bouche avec une bonne acidité et un bel équilibre. Un vin très bien fait, à boire frais (8°C) avec des poissons grillés, des fruits de mer sautés à l'ail ou des viandes blanches. Excellent rapport qualité prix. (TD)

États-Unis, Californie
**Chardonnay
Woodbridge par
Robert Mondavi 2006,
Woodbridge Winery
+099408 - 14,95$**
Des arômes d'agrumes et de fleurs blanches avec une pointe minérale. Généreux, vif et frais en bouche avec de bons fruits très mûrs, des fruits exotiques, légèrement citronné et une finale longue qui finit sur des épices, de la feuille de tabac et un léger boisé. Un vin blanc honnête et franc qui donne tout ce qu'il a. Le servir frais (8°C) avec un risotto aux crevettes, un filet de morue poêlé au beurre ou des moules au vin blanc. (TD)

BLANCS

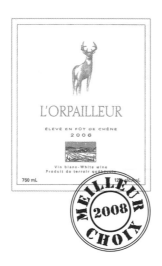

Canada, Québec
**L'Orpailleur élevé
en fût de chêne 2006,
Vignoble de l'Orpailleur
D - 15$**
Un vin du terroir québécois bien fait, aux arômes de vanille, de cèdre et d'agrumes avec des notes de minérale. Ample, long, frais, finement boisé et fruité en bouche avec des tanins fondus et des nuances de jasmin et d'épices. Le servir frais (8°C) avec un filet d'aiglefin sauce aux crevettes ou un rôti de veau de grain du Québec en cocotte. Ce vin a remporté la médaille d'or à la Coupe des Nation 2007, à Québec. (TD)

*États-Unis, Washington,
Columbia Valley*
**Fumé Blanc Hogue
2004, Hogue Cellars
Vineyards +274829 -
15,10$**
Le millésime 2001 était vendu 18,50$ en 2004. Au prix d'ajourd'hui, c'est un excellent choix avec son nez intense de muscat, de zeste de pamplemousse et de fleurs blanches avec une touche de fins minéraux (pétrole) que l'on trouve dans le Riesling d'Alsace. Frais, vif, long et bien fruité (fruits tropicaux) en bouche avec un très bel équilibre et beaucoup de matière. À boire frais (8°C) avec des fruits de mers sautés à l'ail, des huîtres sur écailles ou un fromage morbier au lait cru. (TD)

France, Alsace
aoc Alsace
Pinot gris 2006,
Pfaffenheim
+456244 - 15,60$
Très aromatique, ce vin offre des odeurs de fleurs et de fruits exotiques avec une note d'agrumes. Moelleux mais bien équilibré par une belle acidité en bouche, il est gras, intense, frais et fruité avec une finale légèrement fumée. Le servir frais (6°C à 8°C) avec des mets asiatiques ou indiens, ou encore, un filet de morue au beurre noisette. (TD)

France, Alsace
aoc Alsace
Pinot blanc Auxerrois
2004, Domaine
Zeyssolff G.
+896530 - 16,25$
Il y a peu de temps que ce pinot blanc auxerrois est offert, pourtant c'est un joli vin à découvrir, d'abord pour le cépage auxerois qui porte d'autres noms dans diverses zones de production c'est toutefois en Alsace que le pinot blanc auxerrois semble avoir trouvé sa terre de prédilection il y donne un vin d'un doré brillant, dégage des arômes frais, vifs et passablement fruités. On le déguste à 9°C. à l'apéritif ou sur une entrée de mousse de saumon. (JGJ)

France, Alsace
aoc Alsace
Andante 2005, Cave de Ribauvillé +10667503 - 16,65$
Un assemblage original que cet Andante: gewurztraminer et muscat ottonel offre des sensations fort plaisantes. Le nez présente de fines senteurs épicées, la bouche est souple et fruitée. On le prend autour de 11°C à l'apéritif ou sur une assiette de petites crevettes citronnées. (JGJ)

France, Sud-ouest
aoc Montravel
Château Laulerie 2004, Dubard Frère et Soeur +881854 - 16,90$
D'une belle couleur jaune paille aux reflets or. Le premier nez rappelle les agrumes, puis viennent ensuite des notes de miel et de sousbois. La très agréable fraîcheur n'enlève en rien à la structure souple de ce vin bien équilibré que vous servirez autour de 12°C sur une escalope de veau viennoise. (PT)

France, Alsace
aoc Alsace
Gentil Hugel Alsace 2005, Hugel & Fils +367284 - 16,95$
Ce vin renoue avec une tradition séculaire où l'on appelait les vins «gentil», les assemblages de cépages nobles. Le millésime 2005 ayant été particulièrement prometteur, nous avons maintenant un vin qui allie les qualités des grands cé-

pages avec une année d'exception. Ce vin offre des arômes de fleurs blanches et d'agrumes avec des notes minérales et végétales. Gouleyant, fruité, vif et frais en bouche, il finit longuement sur des épices délicates. Un vin délicieux et très bien fait, à servir frais (8°C) avec des mets asiatiques ou une choucroute garnie. (TD)

Nouvelle-Zélande,
Île du Sud
Chardonnay
Marlborough 2004,
Stoneleigh wineyards
+288795 - 17,05$

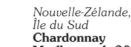

Un autre chardonnay, celui-ci vient des antipodes : la Nouvelle-Zélande. Un très beau vin de couleur jaune paille; le bouquet bien fruité présente la nectarine et autres fruits tropicaux. D'égal agrément en bouche, ce chardonnay fera plaisir, servi à 12°C sur une platée de moules poulettes ou un homard grillé. (JGJ)

France,
Pays de la Garonne
ac Vin de pays
des Côtes-de-Gascogne
Côté Tariquet 2006,
P. Grassa Fille & Fils
+561316 - 17,10$

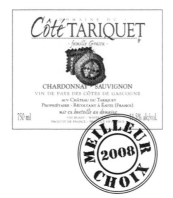

Très bel assemblage de deux cépages, Chardonnay et Sauvignon, qui apportent chacun leurs qualités. Nous avons ici un vin plein de saveurs aux arômes d'agrumes et de fruits tropicaux avec des notes de miel. Ample, fruité, vif et intense en

BLANCS

bouche avec beaucoup de fraîcheur et du gras. Le servir frais (8°C) avec un spaghetti aux fruits de mer à l'ail ou un fromage Morbier au lait cru comme celui affiné par Les Fromageries Arnaud. (TD)

France, Bordeaux
aoc Bordeaux
Château Thieuley 2006, Société des Vignobles Francis Courselle +10389208 - 17,40$
Un joli vin au nez d'agrumes, de fleurs blanches, de poire, d'ananas et de zeste de pamplemousse. Il est ample, crémeux, riche et plein en bouche avec des tanins ronds et une finale délicatement épicée. Un vin très agréable, à boire frais (8°C) avec une cassolette de fruits de mer, une sole ou un filet de morue cuit au beurre noisette. (TD)

France, Alsace
aoc Alsace
Muscat d'Alsace réserve 2004, Caves J.B. Adam +977124 - 17,40$
On revient en Alsace. J'ai appris avec plaisir que les Québécois étaient friands des vins d'Alsace. On appréciera certainement ce muscat très délicat, fruité à souhait, élégant et charmeur. Servez-le à 12°C sur des asperges rôties arrosées d'un filet d'huile d'olive et saupoudrées de parmesan râpé, ce qui est parfois un problème, mais celui-ci émerveillera la tablée. (JGJ)

France, Bourgogne
aoc Bourgogne
Bourgogne-aligoté
2002, Taupenot Merme
+919175 - 17,85$
Réellement surprenant de finesse, il faut dire que nous avons affaire à un aligoté très "haut de gamme". Le fruité est mûr, l'acidité est franche mais appuyée par une rondeur qui donne du volume au vin, et la finale persistante nous rappelle que le tout a été finement tissé, comme de la dentelle. Servir entre 10ºC et 12ºC avec des tagliatelles au pesto et des crevettes. (PT)

France Provence
aoc Côtes-de-Provence
Château La Tour
de L'Évêque 2006,
Régine Sumeire
+972604 - 17,95$
Des arômes d'agrumes, d'anis et de fleurs blanches avec une note minérale. Vif, élégant, long, ample, gras et floral en bouche avec quelques épices en finale. Le servir frais (8ºC) avec une daurade au fenouil, un aïoli ou une sole meunière. (TD)

Italie, Toscane
doc Pomino
Castello di Pomino
2006, Frescobaldi
+065086 - 18,90$
Situé dans une région où il est définitivement plus facile de produire de grands vins rouges, le Pomino bianco est devenu malgré tout un classique au Québec. Un bel assemblage de chardonnay et de pinot blanc au

nez floral et abricoté, délicat et fort agréable. L'attaque est sur la fraîcheur avec une belle texture souple et bien équilibrée. À apprécier entre 8ºC et 10ºC avec des pattes de crabe et un beurre citronné. (PT)

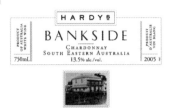

Australie, South Eastern
**Chardonnay Bankside Hardys 2005,
Thomas Hardy & Sons
+866301 - 19$**
Voici un vin blanc très savoureux aux arômes de citron, de grillé, de poire williams, de vanille et de brioche au beurre. Ample, rond et équilibré en bouche avec un boisé bien intégré et quelques épices en finale. Un vin très agréable et raffraîchissant, à boire frais (8ºC) avec des fruits de mer légèrement parfumés d'une pointe d'ail ou du saumon fumé. (TD)

Notes: _____

_____

_____

_____

_____

_____

_____

_____

_____

_____

_____

VINS BLANCS
À 20$ ET PLUS

France,
Languedoc-Roussillon
ac Vin de pays d'Oc
Mas La Chevalière
2004, Laroche
+10507091 - 20,10$
La maison Laroche est
très réputée en Bourgogne.
Maintenant qu'elle a mis le
pied dans le Languedoc,
elle y produit de bons vins
à l'image de ceux élaborés
plus au nord. Le Mas
Chevalière, un v.d.p. d'Oc,
est le fruit d'un assemblage
de 85% de chardonnay et
15% viognier, cépage typique du Midi. Le vin pré-
sente une robe d'or brillant,
un nez d'un agréable fruité
en retour à la dégustation
avec quelques nuances de
boisé et de sous-bois. Un
vin tout désigné, à 13ºC
pour des crustacés comme
le homard ou le crabe quelle que soit la présentation.
(JGJ)

Slovénie, Dobrovo
Chardonnay Bagueri
2004, Goriska BRDA
wine cellar
+10703789 - 20,60$
Un saut en Slovénie… vous
connaissez ? Moi, j'avoue
que ce fut une très plaisante découverte, quand j'ai
mis la main sur ce chardonnay «tout à fait exceptionnel». Un peu cher, pour cer-

tains, peut-être, mais ô combien charmeur et de haute qualité. Après un nez tout en fruits bien mûrs, la bouche suit sur une jolie rondeur et une plaisante fraîcheur. On le sert à 13ºC sur un bar rayé grillé avec petits légumes. (JGJ)

France, Sud-ouest
aoc Jurançon sec
Cuvée Marie 2004,
Charles Hours
+896704 - 22,25$
Charles Hours est une des références en matière de vin de qualité dans le Sud-Ouest. Il nous ravit avec ce vin sec, fin et délicat issu du cépage gros manseng. D'une grande complexité aromatique (acacia, fruits jaunes bien mûrs). L'attaque en bouche est moelleuse alliée à une bonne acidité. La finale, longue et légèrement vanillée, nous rappelle l'élevage remarquablement bien mené. Servir à 12ºC accompagné d'un feuilleté de ris de veau à l'estragon. (PT)

France, Bourgogne
aoc Chablis
Chablis Champs
Royaux 2006,
William Fèvre +276436
- 22,30$
Un très beau Chablis qui s'est d'ailleurs bien classé lors d'une dégustation à l'aveuglette mettant en lice tous les chablis génériques en vente à la SAQ. Il offre des arômes minéraux et végétaux avec des notes bien marquées d'agrumes et de

fleurs blanches. Bien fruité et frais en bouche, il a du gras, de la longueur et une finale délicatement épicée. Bon rapport qualité prix. Le servir frais (8°C) avec des huîtres sur écailles, un plateau de fruits de mer, une salade de homard ou des pétoncles grillés. (TD)

France, Bourgogne, Côte chalonnaise aoc Rully premier cru
Les Grésigny 2004, Dom. Jean-François Protheau
+10378373 - 22,55$
La côte chalonnaise recèle de nombreux trésors. En voici un autre... Le bouquet de fleurs blanches, de miel et de pain grillé de ce vin est tout à fait typique. La perception de rondeur est quant à elle bien balancée par la vivacité. À boire à 12°C. avec un saumon mariné au pamplemousse rose. (PT)

France, Bourgogne, Chablisien aoc Chablis
Château de Maligny, La Vigne de la Reine 2006, Jean Durup Père & Fils
+560763 - 24$
L'ancienne propriétaire du Château de Maligny, Marie-Casimir d'Arquien, est devenue reine de Pologne sous Louis XIV ce qui inspire l'appellation «La vigne de la Reine». Ce vin offre de fins arômes d'agrumes, de fruits exotiques et de fleurs blanches avec une

79

BLANCS

touche minérale. Élégant, harmonieux et équilibré en bouche avec des notes de fruits, du gras et une belle longueur. Le servir frais (8oC) avec une truite aux amandes, un saumon sauce hollandaise ou un cheddar vieilli 2 ans ou un Juraflore (Tomme du Jura, France). (TD)

France, Val de Loire
aoc Sancerre
Domaine La Moussière 2006, Alphonse Mellot +033480 - 25,10$
Le prix de cet excellent sancerre ne cesse de baisser: il est passé de 31,25$ en 2004; 27,80$ en 2005; 24,70$ en 2006 et 25,10$ en 2007. Nous écrivions l'an dernier: «C'est plus qu'une aubaine pour cette qualité!» Et c'est toujours vrai. Ce magnifique vin blanc sec offre des arômes nets et délicats d'agrumes, de fruits exotiques et de poire avec une touche minérale de bon aloi. Long, vif, sec et fruité en bouche avec du gras et une légère note boisée. Un vin très élégant, à servir frais (8oC) avec un tartare d'anguille fumée ou un fromage de chèvre comme le Crottin de Chavignol. (TD)

France, Alsace
aoc Alsace,
Gewurztraminer
Domaine du Château de Riquewihr
"Les sorcières" 2004, Dopff et Irion
+979658 - 25,25$
Splendide vin de repas, vous retrouverez toute l'exubérance du Gewurztraminer, ce grand cépage aromatique et complexe. La rose se mêle aux épices et aux notes de fumée et nous ramène ensuite sur le fruité des mangues et des lichis. Un vin racé, concentré mais sans lourdeur qu'il vous faudra servir à 12°C sur un poisson fin comme le saint-pierre sauce au curry. (PT)

États-Unis, Californie,
Napa Valley
Fumé blanc 2006, Robert Mondavi
+221887 - 26,75$
C'est le vinificateur lui-même qui est venu présenter ses vins de la Vallée de Napa. Il croit en son travail et il a bien raison. Le « fumé » blanc de Mondavi est généreusement aromatique où les beaux fruits mûrs côtoient des parfums de fleurs. Le vin passe quelques mois sur ses lies ce qui lui confère une belle souplesse et une franche rondeur. Le verser à 13°C sur une darne de saumon rôti au four. (JGJ)

BLANCS

France, Bourgogne,
Mâconnais
aoc Pouilly-fuissé
La Maréchaude vieilles
vignes 2006,
Manciat-Poncet
+872713 - 27,70$
Le chardonnay issu des meilleurs terroirs donne de très grands vins. Si on cherche un peu, on peut trouver par contre de petites merveilles beaucoup plus abordables. La Maréchaude 2004 vous charmera par sa finesse et sa complexité (compote d'agrumes, ananas, noisettes grillées). Le vin possède un beau gras, une belle rondeur avec une petite pointe d'acidité en finale lui conférant une belle fraîcheur. Servir à 10ºC sur des quenelles de brochet sauce Nantua. (PT)

Allemagne,
Mosel-Saar-Ruwer
ac Auslese QmP
Wehlener Sonnenuhr
Prüm Riesling 2005,
Maximiner Stiftskellerei
+10276211 - 28,05$
Les reflets or de la robe suggèrent un vin tout en douceur, très délicat. Les notes de citron et de lime confits sont complétées par la minéralité du terroir comme le riesling sait si bien le faire. La pointe de vivacité en finale équilibre parfaitement la sucrosité pour en faire le partenaire idéal d'une mousse glacée aux abricots et chocolat blanc. Servir à 8ºC. (PT)

France, Alsace
aoc Alsace Grand cru,
Pinot gris
Domaine du Château de Riquewihr Vorbourg 2002, Dopff et Irion +10272131- 29,45$
Le nez, plutôt discret, relève des notes de miel et de fruits confits. Très belle texture ample et ronde en bouche. Une matière pure qui mérite un léger passage en carage avant le service. Servir à 10ºC. sur des cuisses de grenouille au beurre de persil. (PT)

France, Jura
aoc Arbois
Chardonnay Les Graviers 2001, Tissot +875500 - 32,75$
J'aime la richesse de ce vin. La richesse aromatique développée lors de l'élevage. La richesse du corps apportée par la culture de ce grand cépage sur un terroir typé. Le tout bien sûr géré par un producteur talentueux fort sympathique. Sec, rond et généreux, la finale vive vous surprendra par sa longueur! Servir à 12ºC sur une longe de veau gratinée au fromage Comté. (PT)

Nouvelle-Zélande
Chardonnay Marlborough 2005, Cloudy Bay Vineyards +10209596 - 34,50$
Le nez rappelle le pralin, la vanille et le pain grillé. Un beau chardonnay sec et rond où le boisé de l'élevage a été très bien dosé. Servir entre 10ºC et 12ºC sur

BLANCS

des huîtres tièdes aux shiitakes et vin blanc lègèrement gratinées. (PT)

France, Alsace
aoc Alsace Grand Cru
Gewurztraminer
Kessler 2002,
Domaine Schlumberger
+914234 - 37,50$
Peut être difficile à prononcer mais très facile à déguster, ce gewurztraminer a droit à la désignation « grand cru » parce que provenant de la zone délimitée « Kessler ». Ce qui donne un vin paré d'une robe dorée; au nez très fin de parfums de fleurs et de fruits exotiques; la bouche présente un équilibre idéal et des sensations de pétales de rose soutenues par de fines épices. On le boira à 13°C avec une tranche de foie gras poêlée ou un gâteau renversé à l'ananas. (JGJ)

Notes: _____

_____

_____

_____

_____

_____

_____

_____

_____

_____

_____

_____

VINS BLANCS DOUX

Canada, Québec
Vin de glace
L'Orpailleur,
vin de glace 2006,
Vignoble de l'Orpailleur
+10220269 -
32,50$/200ml
Fait de raisins surmaturés, ce vin de glace offre de arômes intenses et complexes de fruits exotiques, de fruits confits et de miel avec des notes florales de jeunet et de chèvrefeuille. Très, très long et équilibré en bouche avec un volume de fruits imposant. Un grand vin de glace à servir frais (8°C) avec un foie gras poêlé, un fromage bleu comme le Geai bleu ou un roquefort Papillon. Ce vin a remporté de nombreuses médailles, dont une médaille d'or aux Sélections mondiales 2007. (TD)

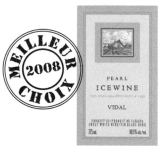

Canada, Ontario,
Niagara Peninsula
Vin de glace
Icewine Vidal 2005,
Inniskillin Wines
+551085 - 60$/375ml
Un vin de glace de grande classe! Des arômes intenses d'abricot confit, d'agrumes, d'orange et de mangue que l'on retrouve en bouche avec beaucoup de concentration. Il présente un magnifique équilibre et une belle harmonie avec des notes exoti-

ques, explosives et longues. Un vin de glace superbe! Le servir avec un foie gras sous toutes ses formes, un fromage bleu ou un dessert aux fruits comme une tarte aux pommes ou aux quetches. (TD)

VINS MOUSSEUX ET CHAMPAGNES À MOINS DE 50$

France
Marquis de la Tour Brut, mousseux de Neuville, EGVDN +140418 -12,55$
On veut un mousseux pour le plaisir d'avoir une flûte dans laquelle les bulles se donnent en spectacle… et on ne veut pas payer une fortune? Personnellement, j'opte pour ce vin de Neuville, en Loire, fin et délicat, sans prétention mais qui fait justement plaisir. D'ailleurs, peu de gens s'attardent à ce qu'il y a dans le verre, quand le groupe est assez nombreux. On accompagne le « Marquis » de petites bouchées soit au poisson, soit au fromage, soit aux petits légumes. (JGJ)

France, Val de Loire, Touraine
aoc Touraine
Cuvée JM, Monmousseau
+223255 - 16,65$
Un joli mousseux de Touraine, en Val de Loire. Ce très plaisant mousseux vient du chenin blanc, aussi appelé pineau de Loire, est élaboré selon la méthode traditionnelle et devient dès lors un « excellent vin exprimant pleinement la générosité fruitée et délicatement aromatique du chenin blanc » selon Michel Phaneuf. Bien sûr on le verse à l'apéritif (7oC) mais aussi tout au long d'un repas, peut-être, pour autant qu'on serve des plats qui se prêtent à ce rapprochement. (JGJ)

Italie, Vénétie
doc Prosecco-di-conegliano
Cuvée Brut, Carpenè Malvolti
+591289 - 17,10$
Très différent de celui des dames Bortolomiol, ce prosecco est produit dans la même Vénétie. On parle ici du « perlage » des centaines de bulles fines et persistantes sous une robe jaune paille. Le bouquet est très charmeur on y décèle de beaux fruits parfumés, ce qu'on retrouve en bouche avec beaucoup de fraîcheur. On le sert à 6/8oC sur un plateau de hors-d'œuvre. (JGJ)

MOUSSEUX

MOUSSEUX

Italie, Vénétie
doc Prosecco-di-valdobbiadene
Bortolomiol 2004
+10654956 - 20,30$
Bartolomiol, c'est la mère Olivia et ses quatre filles. Elles forment une très ancienne famille, productrice de Prosecco. Évidemment, on le sait, prosecco, c'est le cépage qui engendre bien des mousseux, en Italie. Celui-ci reflète bien sûr la touche féminine qui le réalise. Presque aristocratique, le banda rossa est très fin, généreux aux milliers de bulles qui jouent à cache-cache, de bas en haut de la flûte qu'on s'est versée juste pour le plaisir de siroter un élégant mousseux. (JGJ)

France, Alsace
aoc Crémant d'Alsace
Calixte Brut rosé, Cave Vinicole de Hunawihr
+871921 - 21,25$
Un des seuls mousseux rosés offerts par la SAQ. Ce crémant d'Alsace issu du seul pinot noir, rappelle le nom du pape Calixte II (Gui de Bourgogne) qui aurait défendu le village de Hunawihr durant son pontificat (1119-1124). Un mousseux élégant et savoureux. Le crémant se vêt d'une robe d'une rose soutenu, presque cardinalice. Il présente des arômes et des saveurs franches de fleurs et fruits. On le servira dès l'apéritif à 7°C ou au dessert, sur une tarte aux fraises. (JGJ)

États-Unis, Californie
**Mumm Cuvée Napa
Brut Prestige,
Mumm Napa Valley
+265678 - 27,85$**
Ce vin a été élaboré en Californie selon la méthode
traditionnelle par la célèbre
maison de champagne
Mumm. Un mousseux tout
en finesse avec des arômes
fruités et frais, des agrumes
avec des notes florales de
rose et une pointe de vanille. Généreux et élégant en
bouche avec une belle longueur sur le fruit. Le servir
frais (8ºC) à l'apéritif ou
avec du saumon fumé servi
avec de la crème sûre ou
des desserts aux fruits. (TD)

États-Unis, Californie
**Mumm Cuvée Napa
Rosé, Mumm Napa
Valley +433144 -
30,50$**
La célèbre maison cham-
penoise Mumm élabore, en
Californie, des vins mousseux dont cet excellent rosé
aux arômes fruités de fraise
et de framboise rehaussé
d'une fine touche minérale.
Savoureux, fruité et long en
bouche avec une belle structure, suffisante pour bien se
marier avec des mets puissants comme du homard
ou même du gibier à plu-
mes. Bien fait! (TD)

MOUSSEUX

VINS MOUSSEUX ET CHAMPAGNES À 50$ ET PLUS

MOUSSEUX

France, Champagne
aoc Champagne
Lanson Black label,
Lanson Père et Fils
+041889 - 53$
Je ne m'en cache pas, j'aime beaucoup le champagne; évidemment, je n'en bois pas tous les jours, mais lorsque l'occasion se présente, je fais allègrement sauter un ou deux bouchons. La SAQ en offre quelques dizaines de marques. Parce que la création d'une belle bouteille demande beaucoup, le prix en est souvent assez rondelet. Le Lanson n'est peut-être pas donné mais pour ce qu'il apporte, le prix est raisonnable. Déjà, à l'œil, le Lanson est agréable, les milliers de bulles très fines qui montent et descendent annoncent qu'en bouche, il présente des sensations bien agréables. À déguster à l'apéritif, servi à 7ºC avec des canapés de saumon ou d'huîtres. (JGJ)

France, Champagne
aoc Champagne
Champagne Pol Roger
Brut +051953 - 58$
Des bulles fines et persistantes annoncent ici un excellent champagne. Des arômes de fruits et vanillés que l'on retrouve en bou-

90

che avec beaucoup de fraîcheur. Intense, harmonieux et élégant, voici un très beau champagne à servir frais (8°C) avec un foie gras poêlé, un saumon fumé, ou encore, tout au long d'un repas. Beaucoup de plaisir! (TD)

France, Champagne
aoc Champagne
Mumm Cordon Rouge Brut, G. H. Mumm
+308056 - 60$
Rien que de prononcer le nom de ce champagne mythique et la gourmandise prend le dessus. Les bulles fines et persistantes annoncent un bon champagne. Les arômes séduisent avec les agrumes, la pomme fraîche, les fleurs et le miel que l'on retrouve en bouche avec beaucoup d'élégance et de longueur. Un vin frais et délicat, à servir frais (8°C) tout au long d'un repas ou avec un saumon sauce béarnaise. (TD)

France, Champagne
aoc Champagne
Champagne, Grand Vintage 2000, Moët & Chandon
+10453601 - 86$
C'est seulement la 67e édition de cette cuvée qui existe depuis 1842. Une merveille de Champagne! Un nez complexe, une bouche suave et généreuse. Tout y est! La vivacité, la race, la fougue, le croquant. Un grand vin de méditation à savourer en excellente compagnie bien sûr pour en

partager toutes ses sensations. Servir entre 8ºC et 10ºC. avec un saumon fumé accompagné d'une trempette à l'estragon. (PT)

VINS ROSÉS

Afrique du Sud
Tribal western cape rosé 2006, African Terroir +10511120 -11,45$
Sortons des sentiers battus et allons dans l'hémisphère sud, en Afrique du Sud, justement pour découvrir le Tribal. Comme l'écrit le descriptif, le vin se pare d'une robe «pelure d'oignon» mais il offre des parfums plus alléchants d'orange et de fleurs. On en recommande le service à 8-9ºC sur une assiette de cochonnailles ou des moules à la tomate. (JGJ)

France, Provence
aoc Côtes-de-Provence
Bouquet de Provence Billette, La Gordonne +023465 - 11,65$
Un rosé de Provence sympa, au nez léger de rose et de fraise. Gouleyant avec un joli fruité en bouche, un vin simple et facile. À servir frais (6ºC) avec des fruits de mer, des poissons grillés ou une soupe de poisson avec sa rouille et ses croûtons. (TD)

Canada, Québec
L'Orpailleur rosé 2006, Vignoble l'Orpailleur (D) - 13$
Un rosé sympathique au nez de mûre et de framboise avec une pointe exotique. Frais et fruité en bouche avec de la fraise, quelques épices et une touche d'agrumes en finale. Le servir frais (6ºC à 8ºC) à l'apéro ou avec des fruits de mer sautés à l'ail. (TD)

France, Vallée du Rhône aoc Côtes-du-Ventoux
La Vieille Ferme 2006, Perrin et Fils +10263728 - 13,30$
La famille Perrin ne désarme pas. Goûtez-moi ce rosé tout en finesse mais aussi en puissance mitonnée. Déjà que la couleur intense attire l'œil, on se hâte de humer ses odeurs de fleurs et d'épices comme l'anis étoilé, ce qu'on retrouve en bouche pour notre plus grand plaisir, alors accompagnons-le, à 10ºC de rouleaux de saumon fumé farcis de fromage de chèvre. (JGJ)

France Languedoc-Roussillon aoc Saint-Chinian
Col de l'Orb 2006, Caves de Roquebrun +642504 - 13,40$
Saint-Chinian est reconnu pour ses vins rouges. Les rosés sont de la même veine, d'autant qu'ils sont élaborés avec les mêmes raisins, ce qui donne, comme dans ce cas, un rosé à la

ROSÉS

robe cerise aux reflets miroitants. Des parfums et des saveurs de beaux fruits enchantent des qu'on met le nez dans le verre ou qu'on absorbe une première gorgée. Les sensations se poursuivent avec bonheur pendant quelques instants. On le présente tout au long d'un casse-croûte ou sur un sandwich au jambon. (9°C) (JGJ)

France, Vallée du Rhône aoc Costières-de-Nîmes
Domaine du Grand Saint-André 2005, Les Vignerons de Saint-Gilles +10263752 - 13,60$
Les Costières-de-Nîmes font partie du grand vignoble rhodanien et les Vignerons de Saint-Gilles sont établis dans le département du Gard en plein pays de soleil. Les vins qui y sont produits sont de ce fait, très brillant, les rosés sont généreux et savoureux comme on peut le vérifier en goûtant ce Grand Saint-André, autour de 11°C au cours d'un buffet dînatoire où seraient servis des canapés variés, des tartares de saumon, des brochettes de crabe et des saucissons variés. (JGJ)

ROSÉS

Espagne, Rioja
doc Rioja
Marquès de Caceres
2006
+10263242 - 14,20$
De manière générale, les chaudes journées incitent à boire des vins frais et fruités. Les vins rosés sont souvent de bons compromis entre les blancs et les rouges, ils se boivent bien en toutes circonstances, surtout entre amis, autour d'un barbecue. Voici un rosé espagnol provenant d'une région que l'on connaît surtout pour ses vins rouges. Des arômes de cerise, de framboise et de cassis avec une touche grillée. Ample, puissant fruité et frais en bouche, légèrement perlant, il est long et gras avec une finale légèrement poivrée. Un rosé qui ne manque pas de caractère, à servir frais (6-8°C) avec des grillades ou une paella. (TD)

Canada Québec
Champs de Florence
2006,
Domaine du Ridge
+741702 -14,45$
On ne parle pas assez des vins du Québec. Il est vrai que plusieurs s'abstenaient de faire des commentaires négatifs sur des produits de chez nous...on ne voulait surtout pas anéantir les efforts et la bonne volonté de nos vignerons. Pourtant, le rosé du domaine du Ridge fait mentir tous ceux qui prétendaient qu'on ne ferait jamais de vins intéressants au Québec. Champs

de Florence est fin, délicieux, frais et savoureux. À l'aveugle, il pourrait facilement être comparé à un vin de Provence. Servez-le à l'apéritif et tout au long d'un repas estival ou, par temps plus frais, sur un buffet varié. (10ºC) (JGJ)

France,
Languedoc-Roussillon
aoc Minervois
Château Villerambert Julien 2006,
Michel Julien
+10790780 - 15,20$
En Languedoc-Roussillon le Minervois a bonne réputation. Ainsi ce Villerambert-Julien présente un rosé des plus attrayants, déjà que la couleur annonce un produit riche et d'une belle intensité, ce qui ne manque pas, au nez et en bouche, cet élégant rosé resplendit de charme et de fruit. Servez-le généreusement à 9ºC sur un jambon braisé ou des sushis (JGJ)

Italie, Toscane
igt Toscana
Rosato Carpineto Colli della Toscana 2006,
Casa vinicola Carpineto
+10263189 - 15,40$
La région de Chianti n'est pas que chianti… On y fait aussi ce joli rosé, le Carpineto rosato, tout délicat et délicieux aux parfums floraux et aux saveurs bien marquées de framboise et autres fruits. Servi à 12ºC, c'est tout ce qu'il faut pour agrémenter l'apéritif ou

ROSÉS

une assiette variée de mets épicés. (JGJ)

France, Provence
aoc Côtes-de-Provence
Pétale de Rose 2006,
Régine Sumeire
+00425496 - 16,95$
Ce vin est quelquefois de qualité inégale selon le millésime. Le 2006 est bien réussi. Un nez délicat de petits fruits rouges, de rose et de bonbon acidulé que l'on retrouve en bouche avec beaucoup de délicatesse. Un rosé élégant, fin, racé et gras avec une finale légèrement épicée. Le servir frais (8ºC) avec un aïoli, une soupe de poisson ou des poissons grillés. (TD)

Notes: _____

_____

_____

_____

_____

_____

_____

_____

_____

_____

_____

_____

_____

_____

ROSÉS

VINS ROUGES
À MOINS DE 12$

France,
Languedoc-Roussillon
ac Vin de Pays d'Oc
Just Merlot, Paul Sapin
+10699664 -
4,25$/250 ml
Amusant de donner une petite bouteille (250 ml) à chaque convive. Ce merlot à 100% (il n'y a que les Français pour étiqueter un vin just merlot). Merlot ou petit merle est savoureux, aux parfums de sous-bois, de fruits mûrs et de fines épices. On le sert à 18°C (recommandation de l'agence, je préfèrerais 17°C), sur des côtelettes de porc. (JGJ)

Argentine,
Mendoza, Maipu
Malbec 2006,
Finca Flichman
+10669832 - 8,50$
Ce vin provient d'une vigne ancienne de la région de Maipú. Des arômes de vanille, de cassis et d'épices avec une note de torréfié. Corsé et fruité, presque confituré en bouche avec des notes de prune et de mûre et une bonne acidité qui lui confère de la fraîcheur. Des notes boisées et des tanins épicés rehaussent son caractère. Le boire avec un tournedos sauce béarnaise ou des rognons sauce dijonnaise. (TD)

ROUGES

*Espagne, Aragon
do Cariñena*
**Duque de Medina
2006, Bodegas Ignacio
Marin +10325925 -
9,85$**
« Le vin espagnol le plus consommé en France » prétend la réclame. Je n'en doute pas. Élaboré de tempranillo et de garnacia, dans la région de l'Aragon, voilà un vin tout en finesse, franc et généreux de fruits rouges. Accompagnera un plat de viandes froides, si c'est votre menu ou une grillade si c'est le cas. On le sert à 16ºC. (JGJ)

*Portugal,
Provinces de Beira
doc Dâo*
**Meia Encosta 2005,
Sociedade dos Vinhos
Borges +250548 -
10,25$**
Un excellent petit vin plein de charme avec des arômes de vanille, de fruits rouges, d'épices et de grillé. Ample, généreux, très fruité et rond en bouche avec des tanins secs et une finale épicée. Un vin simple et facile à boire. Un vin de tous les jours, à servir avec des viandes rouges grillées, des côtelettes d'agneau grillées aux herbes ou un fromage de chèvre affiné. Excellent rapport qualité-prix. (TD)

ROUGES

99

Bulgarie,
Thracian Lowlands
**Cabernet-sauvignon/
merlot Telish 2005,
Bouquet Telish
+10669824 - 10,30$**
Un vin bulgare de style bordelais aux arômes intenses de cassis, de framboise et de mûre sauvage avec des notes de sous-bois et de poivron vert. Bonne sève en bouche avec du fruit, une bonne acidité qui lui confère de la fraîcheur, et des tanins bien ficelés. Le servir en carafe avec un magret de canard confit, un lapin au genièvre ou une côte de bœuf. Bon rapport qualité-prix. (TD)

Portugal, Ribatejo
Vinho regional Ribatejano
**Casaleiro reserva 2003,
Caves Dom Teodosio
+610162 - 10,75$**
Le Portugal, ce n'est pas seulement que le porto. On y produit de très bons vins de table comme ce casaleiro reserva, issu de 95% de castelâo et de 5% de trincadeira ce qui engendre un produit rouge rubis brillant, aromatique et généreux de fruits et d'une touche de vanille. À verser à 18ºC sur un aloyau de bœuf grillé. (JGJ)

ROUGES

100

France,
Languedoc-Roussillon
aoc Costières de Nîmes
Domaine Cantarelles 2005,
La Compagnie Rhodanienne
+518720 - 10,80$
Un vin de tous les jours au nez de baies sauvages, de mûre et de cassis avec des notes de vanille et de boisé. Ample, long, charnu et bien fruité en bouche avec des tanins bien ficelés et une finale doucement poivrée. Le servir avec un rôti de bœuf braisé, un brie au lait cru ou un carré d'agneau aux herbes de Provence. (TD)

Afrique du Sud
ac Vin d'origine Western Cape
Shiraz Kumala 2006,
Western Cape
+10754236 - 10,95$
Nez de cassis, de mûre, de petites baies sauvages, de boisé, de poivre et de croûte de pain frais avec un petit côté animal très agréable. Ample, velouté, fruité et très rond en bouche avec des tanins charnus mais souples, et une finale très épicée. Étonnant pour le prix! Un vin de tous les jours, il est facile à boire. À servir avec des viandes rouges, des mets légèrement relevés et des charcuteries. (TD)

ROUGES

VINS ROUGES
DE 12$ À 20$

France,
Languedoc-Roussillon
aoc Corbières
Arnaud de Berre 2005,
Château de Lastours
+506295 - 12,10$

Les Corbières, en Langue-
doc-Roussillon, forment une
des plus belles régions de
cette grande zone viticole.
Château de Lastours, est
sans doute un des joyaux
du terroir. Les vins du domaine, reconnu comme
étant propriété de vigne-
rons indépendants, sont amples et ronds, offrant des
notes épicées fort agréables.
On le boira, à 17ºC sur des
grillades variées, à la façon
méditerranéenne. (JGJ)

Uruguay
Tannat Don Pascual
Reserve 2006,
Establecimiento Juanico
+10299122 - 12,50$

Ce vin fait à 100% de cé-
page Tannat présente des
arômes de vanille, d'épices,
de cacao, de cassis, de mûre et de prune cuite avec
une petite touche végétale.
Ample et concentré en bouche avec des notes de fruits
sauvages, un léger boisé et
des tanins souples. Un vin
corsé à servir avec du gibier, un carré d'agneau aux
herbes de Provence ou un
fromage à pâte molle et à
croûte lavée comme le Ke-

ROUGES

nogami de la Fromagerie Lehmann. (TD)

France, Provence
aoc Coteaux Varois
Château La Lieue 2006, Jean-Louis Vial
+605287 - 12,55$

La famille Vial produit de vin bio et serait à l'origine de l'aoc Côteaux varois. Il ne font d'ailleurs que des vins de cette appellation. Celui-ci sent la garrigue, les baies sauvages et les épices que l'on retrouve en bouche avec des tanins serrrés, une belle longueur sur le fruit et une finale poivrée. Le servir en carafe avec des viandes rouges grillées, du gibier en sauce ou un fromage de chèvre comme le Chèvre Noir de Tournevent. (TD)

Argentine, Mendoza,
Vallée de Vistalba
Malbec Reserva 2005, Nieto Senetiner
+10669883 - 12,75$

Un vin aux arômes complexes de vanille, de fruits rouges, de chocolat et de torréfié avec une touche de boisé que l'on retrouve en bouche avec une très bonne intensité sur le fruit (prune), de tanins soyeux, et une finale doucement épicée. Le servir avec un rôti de boeuf au jus, un steak au poivre ou un camembert au lait cru moulé à la louche. (TD)

ROUGES

103

Chili,
Vallée de Colchagua
do Vallée de Colchagua
Shiraz 2005, Luis
Felipe Edwards
+10754181 - 12,85$
Un joli vin au nez de myrtille, de baies sauvages et de vanille avec des notes de réglisse, de boisé, de cacao et de fumée. Corsé en bouche avec de la mûre, des tanins secs et une finale épicée. Le servir avec une épaule de mouton farcie, un rôti de chevreuil sauce poivrade ou un rognon de veau au Madère. (TD)

France, Vallée du Rhône
aoc Costières de Nîmes
VF "Lasira" 2006,
La Vieille Ferme
+10540684 - 12,85$
Un assemblage bien dosé de 75% de syrah complété par le grenache, une étiquette accrocheuse, un bouchon à vis! Tout a été mis en place par la prestigieuse maison Perrin pour nous donner beaucoup de plaisir à petit prix. Dans le style actuel des bons vins faciles à boire et qui peuvent accompagner les petits plats de tous les jours, ne manquez pas d'ajouter Lasira à votre liste de vins à acheter à la caisse. Le nez embaume les épices et le cassis et les tanins sont bien souples. Servir autour de 15°C. (PT)

ROUGES

Portugal, Alentejano
ac Vinho regional
Alentejano
Vinha do Monte 2005,
Sogrape Vinhos
+501486 - 12,85$
On est séduit tout de suite par ce vin généreux aux arômes intenses de vanille, de fruits marqué par la prune et la mûre avec une touche de fumé. Ample, fruité et rond en bouche avec des tanins souples, un léger boisé et quelques épices en finale. Un vin harmonieux et velouté est à servir avec un jambon fumé ou un cochon de lait rôti. (TD)

Tunisie
aoc Mornag
Punique 2004,
Domaine Atlas
+10700781 - 13,25$
On oublie que l'Afrique du nord produit de bons vins méditerranéens. Pour s'en convaincre, goûtons ce Mornag produit de cépages français carignan/syrah. Voyons ce rouge sombre et brillant, humons les petits fruits et les épices fines, goûtons, enfin, la générosité de ce vin rouge de soleil et d'eau. Idéal, servi à 18ºC sur un rôti de veau. – Médaille d'argent aux Sélections mondiales des vins – Canada, 2007. (JGJ)

ROUGES

Portugal, Haut-Douro
doc Douro
Coroa d'Ouro 2000, Manoel D. Pocas Junior Vinhos +743252 - 13,55$
Créé à partir des cépages traditionnels du Porto, on trouve dans ce vin tout le caractère du chaud soleil du Douro avec ses notes de fruits rouges mûris à la perfection et de réglisse. Charnu et rond, la fin de bouche est de fort belle tenue pour un vin issu de cette gamme. Je le servirais à 16ºC. sur un confit de canard ou bien avec des bouchées de fromage de chèvre aux tomates séchées. (PT)

France Bordeaux
aoc Bordeaux
Maître d'Estournel 2005, Prats Frères +238188 - 13,95$
Le millésime 1993 était à 15,60$. On ne devrait pas se priver d'une bonne affaire avec ce vin aux arômes fruités qui s'harmonisent bien avec des notes de vanille, de boisé et de menthe légère. Bel équilibre en bouche avec du bon fruit et des tanins souples. Le servir avec un boeuf bourguignon, une entrecôte marchand de vin ou un brie au lait cru moulé à la louche. (TD)

ROUGES

France,
Bourgogne, Beaujolais
aoc Beaujolais
Beaujolais Grand
Pavois 2005,
Françoise Chauvenet
+006114 - 14,45$
Propriété de la maison Boisset depuis 1993, la maisons
Chauvenet poursuit une po-
litique autonome. Voici un
vrai beaujolais au nez de
framboise et de violette, à
la bouche fruitée, vive, net-
te et franche avec des tanins légers et une finale épicée. L'ensemble dégage des
nuances de richesse et de
puissance. Le servir frais
(8°C) avec une assiette de
charcuterie, des côtes de
veau grillées ou un pain de
viande. (TD)

France, Vallée du Rhône
aoc Costières de Nîmes
Château de Nages
Réserve 2005,
R. Gassier
+427617 - 14,50$
C'est le nez de ce vin qui
m'a charmé avant tout. J'y
ai retrouvé des senteurs me
rappelant les bonbons à la
violette. En fait le nez est
expressif et délicat (tabac
blond et cassis). Moyennement tannique, assez généreux et de belle tenue. Juste asssez charpenté pour
agrémenter une viande
blanche rôtie comme une
longe de porc servie avec
une sauce au vin rouge légèrement moutardée. Ser-
vir autour de 16°C. (PT)

ROUGES

Italie, Sardaigne
doc Monica di Sardegna
Perdera 2006,
Argiolas & C.
+00424291 - 14,65$
Originaire d'Espagne, c'est en Sardaigne que l'on retrouve ce cépage produisant des vins de bonne qualité au fruité agréable et quelque peu épicé. Son style peu tannique mais bien équilibré ira fort bien avec un carpaccio de boeuf aux copeaux de parmesan. Servir autour de 15ºC. (PT)

Uruguay, San José
Merlot Catamayor
Reserva 2005, Bodegas
Castillo Viejo
+10746535 - 15,75$
Des arômes de vanille, de cassis, de mûre et de baies sauvages avec un léger boisé, un peu d'épices et de la menthe. Ample, corsé et fruité en bouche avec des tanins bien dessinés et une finale réglissée. Un vin simple et facile. À boire avec un spaghetti sauce à la viande ou un rôti de bœuf au jus. (TD)

Australie du sud
Cabernet/shiraz
Nottage Hill 2005,
Thomas Hardy & Sons
+283440 - 14,95$
Un nez ample et généreux de fruits (cassis, prune, confiture de framboises) avec des notes de vanille et de cacao et une touche d'eucalyptus. Plein de fruits en bouche, équilibré et bien structuré avec un joli boisé, des tanins ronds et fruités,

ROUGES

et une finale doucement épicée. Le servir en carafe avec des côtelettes d'agneau grillées au thym, un filet ou un jarret d'agneau au poivre. (TD)

France, Vallée du Rhône, Côtes-du-Rhône aoc Côtes-du-Rhône-Villages

Côtes-du-Rhône-Villages 2006, Domaine Louis Bernard +00391458 - 14,95$
Admirez la belle couleur rouge soutenue de ce côtes-du-rhône « papal ». Le nez et la bouche sont tout aussi attrayants, avec des notions de fruits cuits, de baies sauvages et de sous-bois. Tout à fait charmeur, ce vin plein de soleil, sera idéal, à 15°C, pour le gigot d'agneau au romarin. (JGJ)

Australie, Sud-Est
Merlot Nottage Hill 2005, Thomas Hardy & Sons +371260 - 14,95$

Voici un vin rouge qui, tout en gardant des caractéristiques bien australiennes comme une certaine exubérance plaisante de leurs vins, a considérablement bien réduit l'aspect boisé, qui souvent, cachait le fruit. Nous avons ici un joli vin rouge aux arômes fruités de cerise noire, de prune et de mûre sauvage avec des notes de menthe et de vanille. Bonne structure et beaucoup de fruits en bouche. Long, un peu animal avec des tanins ronds et une fi-

ROUGES

nale de cacao et d'épices. Le servir en carafe avec un canard confit ou un cassoulet. (TD)

Italie Piémont
doc Barbera d'Asti
Superiore
Le Orme 2005,
Michele Chiarlo
+356105 - 15,70$
Un magnifique produit du nord de l'Italie. Délicieusement fruité et délicatement épicé. Moyennement corsé et de bonne souplesse. Généreux et tannique sans excès. Servir entre 15ºC et 16ºC, accompagné d'un poulet farci de pancetta sauce tomatée. (PT)

France,
Languedoc-Roussillon
aoc Corbières
L'Esprit de Château
Capendu 2005
+706218 - 15,85$
Ce vin rouge ensoleillé offre des odeurs de garrigue, de framboise, de boisé et de vanille. Velouté et fruité en bouche avec une touche boisée, une bonne concentration et quelques épices en finale. Le servir avec un carré d'agneau aux herbes de Provence ou des viandes rouges. En 2006, ce vin a gagné la médaille d'or au Concours Mondial de Bruxelles, celle de bronze au concours des Grands vins de Mâcon, le Prix d'excellence au Vinalies et, en 2007, la coupe d'argent à la Coupe des nations de Québec. (TD)

ROUGES

France, Bourgogne
aoc Bourgogne
Pinot noir vieilles vignes 2005, Albert Bichot +10667474 - 15,85$
Quel plaisir de pouvoir apprécier un bon Bourgogne rouge à ce prix ! Le millésime ensoleillé a certainement aidé cette cuvée de base au fruité typique proposée nouvellement par la maison Bichot. Un beau vin avec suffisamment de chair et de rondeur pour accompagner les fromages moyennement relevés ou encore des cailles farcies aux raisins. Servir à 16ºC. (PT)

Chili
do Valle del rapel
Carmenère Reserva Santa Rita 2005, Vina Santa Rita +10694317 - 15,90$
Fondée en 1880, Santa Rita est une des plus ancienne maison du Chili. Le Reserva est vinifié à partir de vieilles vignes de Carménère, un ancien cépage bordelais d'où il est aujourd'hui disparu. Il rappelle un peu le merlot. Il offre des arômes de vanille, d'un peu de boisé et de fruits rouges (cassis, mûre, prune). Bien fruité, rond et corpulent en bouche avec des tanins souples et quelques épices en finale. Le servir avec une noix de veau braisée, un rôti de porc aux pruneaux ou un tournedos aux morilles. (TD)

ROUGES

France, Sud-ouest
aoc Madiran
Torus 2004,
Alain Brumont
+466656 - 16,05$
Un Madiran accessible en jeunesse, c'est le défi qu'a relevé Alain Brumont avec cette cuvée profonde, aux arômes nets et francs et d'une structure charnue mais souple. Un assemblage Tannat - Cabernet tissé finement pour le plaisir de tous. Servir à 17ºC avec un magret de canard rôti et sa marmelade de fruits rouges au poivre de Séchuan (PT)

Brance, Bordeaux
aoc Bordeaux-supérieur
Château Couronneau
2005 +10667301 -
16,20$
Ce très beau vin fait avec des raisins issus d'une culture biologique, offre des arômes de vanille, de cassis, de mûre et de cerise noire avec une touche minérale et de grillé. Ample, très fruité et corsé en bouche, il présente un bel équilibre avec des tanins bien sculptés. Le servir en carafe avec des rognons sauce madère, un rôti de cerf sauce grand veneur ou un fromage à pâte molle et à croûte fleurie. (TD)

ROUGES

France,
Bourgogne, Beaujolais
aoc Régnié
Château de Pizay, Régnié 2006, Domaine Château de Pizay +00700484 - 16,35$
Je ne pouvais absolument pas ne pas recommander un beaujolais, notamment un régnié – dernier né des crus du Beaujolais – un vin tout en fruit, offrant une souplesse et une fraîcheur agréables, issu d'une macération semi-carbonique de huit jours environ. Accompagne tout un repas s'il ne s'y trouve pas des plat trop relevés. (16ºC). (JGJ)

France, Sud-Ouest
aoc Côtes-du-Brulhois
Château Grand Chêne 2004, Les Vignerons du Brulhois +10259770 - 16,80$
Nez délicat de réglisse, de cassis, de mûre et de cerise avec une touche boisée. Frais, gouleyant et fruité en bouche avec des tanins rudes, et une bonne longueur sur le fruit. Le mettre en cave ou bien servir en carafe avec un confit de canard, un bœuf en daube ou une entrecôte maître d'hôtel. (TD)

France,
Bordeaux, Libournais
aoc Côtes-de-Castillon
Château La Gasparde 2002, Jean-Pierre Janoueix +527572 - 16,80$
Un bon vin de l'appellation, au nez de vanille, de cassis,

de cerise, de mûre et de poivron avec quelques épices. Bien fruité et frais en bouche avec des tanins souples et des notes délicatement boisées et réglissées. Un vin très agréable à boire avec une entrecôte sauce au vin et aux cèpes, une épaule d'agneau farcie ou un canard aux cerises. (TD)

Italie, Vénétie
igt Delle-Venezia
Merlot Le Prunée 2005, Tommasi +10544757 - 16,85$
Un autre merlot, de la Vénétie, celui-là et d'une maison réputée, Tommasi, qui a ignoré les diktats de la région du Valpolicella où le merlot n'est pas reconnu, d'où la désignation IGT pour indicazione geografica tipica ou, si on veut «vins de pays». Il n'empêche que ce merlot, tout igt soit-il, n'en est pas moins très agréable, aromatique et savoureux à souhait : chocolat, café, petits fruits. Servez-le allègrement à 17ºC avec un jambonneau aux poireaux. (JGJ)

Afrique-du-Sud, Paarl
ac Vin d'origine Coastal region
Sénga Shiraz 2004, Man Vintners +10679336 - 17,35$
Les trois associés de ce vignoble ont voulu faire des vins qu'ils auraient achetés eux-mêmes. Ils nous proposent des vins gourmands et généreux. Celui-ci, fait de 100% Syrah, présente un

ROUGES

nez ample et fruité où l'on discerne le cassis, la mûre, la framboise et la prune cuite avec des notes de grillé et de vanille. Beaucoup de fruits en bouche, corsé avec de la mâche, des tanins doucement épicés, des notes de réglisse et de boisé, et une finale de bonbon anglais. Le servir avec un lapin chasseur, des grillades de bœuf ou un filet d'agneau en croûte. (TD)

Italie, Toscane
docg chianti-classico
Villa Cerna 2005, Casa Vinicola Luigi Cecchi & Figli +00573519 - 17,45$
La famille Cecchi est propriétaire de ce vignoble depuis 1893. Elle met toute son expertise à produire des vins de très grande qualité. Le Villa Cerna offre des arômes complexes de vanille, de fruits rouges, d'épices, de chêne et de garrigue. Ample, long et frais en bouche avec un joli fruité, un léger boisé et des tanins présents, mais déjà arrondis. Le servir en carafe à 16ºC avec un confit de canard ou d'oie, un carré d'agneau aux herbes ou un fromage de chèvre affiné. (TD)

ROUGES

France, Bordeaux, entre Garonne et Dordogne a.o. Premières Côtes de Bordeaux

Château Nénine 2003, SCEA des Coteaux de Nénine +640177 - 17,80$

Beau fruité au nez avec des notes de cassis, de mûre et une petite touche boisée. Charnu, il est long et fruité en bouche avec des tanins souples. Un vin qui ne manque pas d'élégance est à servir avec un confit de canard ou un tournedos sauce béarnaise. (TD)

France, Provence aoc Côtes-de-Provence

Domaine Ludovic de Beauséjour, Cuvée Tradition 2005, Ph. Maunier et R. Terrasson +895854 - 17,80$

Rubis aux reflets violacés et de belle profondeur. Un nez de prunes cuites, de tabac et d'épices. La bouche est tannique, ample et généreuse. Bel assemblage de grenache, de vieux carignan, de syrah et de mourvèdre. Le vin est net et droit, travaillé pour vieillir en cave 4 à 5 ans. S'appréciera aussi à condition de le passer en carafe 30 minutes avant de le servir autour de 17°C sur une côte de boeuf sauce vin rouge et romarin. (PT)

ROUGES

Italie, Toscane
docg Chianti Superiore
Burchino 2003,
Castellani
+741272 - 17,95$
Le chianti est pour moi, un autre incontournable. Celui-ci me réjouit amplement. Issu principalement de sangiovese auquel Burchino ajoute une petite quantité de cépages indigènes canaiolo et ciliegiolo ce qui donne un très plaisant vin soyeux, équilibré et souple, où priment le cassis, la framboise et la mûre. Expérimentez-le, jumelé à un tournedos à la Rossini. (17ºC) (JGJ)

France, Provence
aoc Côtes-de-Provence
Château la Tour de
l'Évêque 2003,
Régine Sumeire
+440123 - 17,95$
Toujours agréable ce vin de Provence aux accents fruités de cassis, de mûre, de figue et de torréfié avec une touche de chocolat et d'épices. Joli fruité en bouche, charnu avec des tanins ronds et une finale animale. Le servir avec un carré d'agneau grillé aux herbes de Provence ou un fromage de chèvre affiné. (TD)

Espagne, Levante
do Jumilla
Crianza 2004,
Casa de la Ermita
+638486 - 18$
Très beau nez de fruits très mûrs et de réglisse, fin et invitant. Vin plutôt tannique. Belle générosité. De

ROUGES

117

bonne longueur, on lui réservera un plat assez relevé comme une bavette de cerf accompagnée d'une demie-glace anisée. Servir à 17-18°C. (PT)

Espagne, Catalogne
do Catalunya
Gran Sangre de Toro
2001, Miguel Torres
+928184 - 18,00$
On le sait, la maison Torres possède une solide réputation internationale. J'apprécie entre autre cette cuvée à base de grenache, de carignan et de syrah pour ses notes d'épices douces et de fruits noirs bien mûrs. Intense et chaleureux il faudra le servir à 17°C sur une pièce de viande rôtie ou pourquoi pas avec la traditionnelle paëlla aux fruits de mer. (PT)

France,
Languedoc-Roussillon
aoc Minervois-la-Livinière
Château de Gourgazaud
Réserve 2004
+972646 - 18,25$
En 1973, Roger Piquet a pris, en famille, le pari de redonner à la terre minervoise la fierté de ses vignes et de ses vins. Le vin que nous proposons ici est fait des cépages Syrah et Mourvèdre cultivés sur un ancien terroir en pente de grès et de sable. Il offre des arômes de vanille, de mûre, de cassis et de pruneau cuit avec une touche de réglisse. Il est bien fruité en bouche avec des tanins souples et des notes d'olive noire,

ROUGES

de jasmin et une touche de torréfié. Le servir avec des viandes rouges grillées ou du gibier à poils en sauce. (TD)

France, Provence
aoc Côtes-de-Provence
Château La Gordonne, Les Marronniers 2003, Domaines Listel +10269177 - 18,30$
Le domaine de ce vignoble est une pure beauté. Immense et vallonné, bien entretenu, on passe de la syrah à la grenache sans oublier le Mourvèdre et bien d'autres cépages de la Provence. Ce vin rouge exprime tout à la fois la garrigue, les fruits rouges, cassis et mûre avec une touche d'exotisme. Bien fruité en bouche avec de la vanille et des tanins encore jeunes mais bien dessinés. Le servir avec du gibier à poil, des pâtés et charcuteries diverses sur du pain frais croûté. (TD)

France, Sud-Ouest
aoc Cahors
Édition Spéciale Vins de l'Échanson 2003, Sélection de Francis Cabrel et Matthieu Cosse +10465581 - 18,40$
Le chanteur français, Francis Cabrel, s'est associé à Mathieu Cosse, un vigneron méticuleux et perfectionniste pour produire cet excellent vin rouge. Il offre des arômes de fruits rouges, de sang de bœuf, d'olive noire avec un côté sau-

ROUGES

119

vage et garrigue très agréable. Fruité (baies sauvages, cassis, mûre), généreux et équilibré en bouche avec des tanins bien dessinés, une bonne longueur et des épices en finale. Le servir avec une terrine de lièvre ou un sauté de boeuf à la provençale. (TD)

France, Sud-ouest
aoc Fronton
Château Montauriol, Mons Aureolus 2006, Nicolas Gelis
+851295 - 18,85$
Un fruité explosif, une bouche ample avec des tanins ronds, ce vin juteux et jouflu à la fois est un pur délice! Malgré la matière, l'élégance est au rendez-vous avec une fin de bouche florale aux accents de violette. La qualité du millésime et le superbe travail de vinification en font un vin qui s'apprécie déjà mais il pourra passer facilement 5 à 6 ans en cave. Servir à 17ºC sur un canard rôti à la bigarade. (PT)

Chili, Valle del Maipo
Carmen réserve 2005, Vina Carmen
+856013 - 19,15$
Le cabernet sauvignon s'est implanté un peu partout sur la planète. Au Chili, comme pour ce vin, il s'est associé à la carmenère (60%), de plus en plus répandue en Amérique du Sud. Ce Carmen présente une jolie robe aux teintes du rubis, pierre précieuse de renom, des arômes per-

ROUGES

120

sistants de fruits mûrs et des saveurs nettes et soutenues. Un bon compagnon, à 16ºC pour un faisan aux raisins. (JGJ)

*France,
Languedoc-Roussillon
aoc Minervois*
Château de Sérame 2003, Vins et Vignobles Dourthe +10516924 - 19,50$
Ce sympathique vin rouge, composé à majorité du cépage Mourvèdre a été élevé de 12 à 14 mois en barriques de chêne, offre un nez de vanille, de réglisse, de fruits noirs (mûre, myrtille, cerise) et de garrigue avec des notes de fumée. Rond, ample et fruité en bouche (cerise noire, prune) avec des tanins souples et une finale épicée (poivre). Le servir avec un lapin à la moutarde, une entrecôte sauce au poivre ou un tournedos aux morilles. Ce vin a gagné la Médaille d'or au Concours Mondial de Bruxelles, en 2005. (TD)

*France, Bordeaux
aoc Bordeaux supérieur*
Château de Parenchère 2005, +151985 - 19,65$
Il y avait un bon moment que j'avais goûté au château de Parenchère. J'ai bien apprécié de retrouver ce vin élégant d'un équilibre presque parfait, aux saveurs bien agréables et qui se marie si bien avec un magret de canard poêlé, alors qu'on apprécie un

ROUGES

fruité bien charpenté. On le sert à 16ºC. (Disponible aussi en demi-bouteille à 10,65$) (JGJ)

Espagne Rioja
doc Rioja
Graciano Ijalba 2004, Vina Ijalba +10360261 - 19,65$
Longtemps, la Rioja aura été une des seules régions d'Espagne dont on connaissait les vins. Les choses ont changé mais on ne se trompe jamais si on sert un vin de cette très importante région viticole. Le graciano tire son nom du raisin qui l'engendre, sous une robe d'un rouge profond et attrayant; on apprécie des arômes de fruits d'une finesse savoureuse. À servir à 17ºC sur une terrine de gibier ou des noisettes d'agneau. (JGJ)

États-Unis, Californie,
Dunnigan Hills
Syrah EXP Toasted Head 2005,
R. H. Phillips Winery +864801 - 19,80$
Un bon vin plein de fruits, framboise, cerise, mûre, de fleurs (violette) et d'épices. Généreux en bouche avec des tanins soyeux, des notes de chêne, de vanille, de chocolat noir et une finale longue sur le fruit. Le servir avec un sauté d'agneau, un pot-au-feu ou une entrecôte sauce au poivre vert. Médaille d'or à la Coupe des Nations 2007, à Québec. (TD)

ROUGES

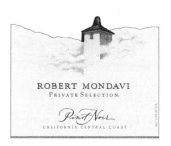

États-Unis, Californie
**Pinot noir Private
selection 2006,
Robert Mondavi
+465435 - 19,95$**
Une jolie robe éclatante.
Un nez invitant de framboise et de cannelle. Une charpente délicate aux tanins
soyeux et à l'acidité franche. Le tout se termine sur
des accents épicés liés à
l'élevage. Servir à 15°C.
sur un steak de marlin bleu
en croûte d'épices. (PT)

États-Unis, Californie
**Zinfandel Ravenswood
Vintners Blend 2005,
Icon Estates
+427021 - 19,95$**
Un bon vin de tous les jours
à prix encore abordable.
Un joli «zin» au nez de mûre, de framboise et de violette avec une touche de
menthe. Ample, fruité et
corsé en bouche avec des
tanins souples et une finale
légèrement épicée. Le servir avec une épaule d'agneau
farcie, des viandes rouges
grillées ou un Comté Juraflore au lait cru. (TD)

Notes: _____

_____

_____

_____

_____

_____

_____

_____

_____

_____

ROUGES

123

VINS ROUGES
À 20$ ET PLUS

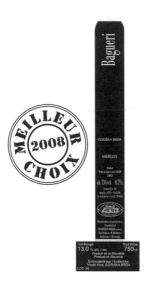

Slovénie
Merlot Bagueri 2003,
Goriska wine Cellar
+10703771 - 20,60$
La Slovénie m'a surpris et conquis, avec le chardonnay, bien sûr, surtout avec ce merlot enchanteur, élevé 10 mois sur lies. La couleur profonde est déjà un gage de bonheur, le nez vient ensuite avec des arômes de prune et de framboise. La bouche éclate de toutes ces sensations d'une persistance merveilleuse. Un très beau vin, à prix bien abordable. Servir à 17ºC sur un rôti de porc « aux patates jaunes ». (JGJ)

France, Vallée du Rhône
aoc Côtes-du-Rhône-
Villages
Ortas Prestige 2005,
Caves de Rasteau
+00952705 - 20,75$
Des arômes de garrigue, de cassis et de mûre sauvage avec des notes animales, de la vanille et une touche de menthe. Ample, rond, concentré et fruité en bouche avec des tanins soyeux et des notes de grillé, de fumé. Le servir légèrement raffraîchi (14ºC à 16ºC) avec un poulet aux morilles, un fromage de chèvre affiné ou un confit de canard. (TD)

ROUGES

124

*États-Unis, Californie,
Napa Valley*
**Zinfandel 2004,
Clos du Val
+892992 - 20,85$**
Un des plus français vins de
la Napa, pas surprenant
quand on sait que c'est Bernard Portet qui le produit,
lui qui est né dans le Bordelais d'un père régisseur
chez Lafite-Rothschild. Bernard Portet a presque mis
au monde le Clos du Val.
Le zinfandel de Portet est
tout ce qu'il y a de plus zinfandel : sombre de couleur,
nez puissant et quelque peu
exubérant, la bouche éclate
de confiture de fruits rouges. Si vous aimez la bavette de bœuf à l'échalote, ce
zinfandel servi à 16°C vous
ravira. (JGJ)

*France, Languedoc-
Roussillon
ac Vin de pays de
l'Hérault*
**Antic, Vins de l'Échan-
son 2003, Sélection
Francis Cabrel et
Mathieu Cosse
+10465611 - 21$**
Un beau vin au nez com-
plexe, concentré, puissant
et animal avec des fruits
rouges (cerise, prune, mûre, cassis). Harmonieux, long
et fruité en bouche avec
des notes de grillé et des
tanins souples. Nous re-
commandons de le mettre
en carafe une heure avant
de le servir. Nous l'avons
dégusté dans le fameux
verre aérateur Breathable
Glass (L'Âme du vin, Saint-
Lambert). Le servir avec un

ROUGES

125

tournedos sauce aux truffes, un filet de chevreuil sauce aux fruits ou un fromage coulommiers. (TD)

France, Vallée du Rhône, Côtes-du-Rhône
aoc Côtes-du-Rhône-Villages
Antique Sénimaros Cairanne 2001, Cave de Cairanne +726984 - 21,40$
Face aux Dentelles de Montmirail, dans le Vaucluse, la commune de Cairanne et ses environs produisent des vins à la robe pourpre et brillante, le nez est épicé à souhait tout en offrant un fruité alléchant, la bouche présente une excellente structure et des saveurs des plus agréables. Versez-le à 16-18°C sur une souris d'agneau confite. (JGJ)

France, Vallée du Rhône
aoc Costières de Nîmes
Compostelle 2004, Château Mas Neuf +914325 - 21,40$
Voici un magnifique produit aux tanins présents mais bien enrobés. La générosité est équilibrée par une palette aromatique assez complexe rappelant le laurier et le cuir. Ajoutez une fin de bouche légèrement réglissée et vous vous régalerez avec un magret de canard mariné dans des épices douces (dont la badiane). Un magret que vous aurez pris soin de bien griller pour qu'il soit croustillant. Une sauce au vin de Banyuls et piment d'Espelette complè-

ROUGES

126

tera le mariage. Servir à 18ºC. (PT)

France, Bourgogne, Beaujolais
aoc Côte-de-Brouilly
Château des Ravatys 2006 +617332 - 21,75$
Enfin, un beaujolais qui ressemble à un beaujolais! Des arômes bien présents de framboise et de violette avec des notes de cerise, de prune et une touche minérale. Long, gouleyant et fruité en bouche avec des tanins souples. Belle expression du gamay. Le servir frais (12-14ºC) avec des cochonailles, un pot-au-feu, un foie de veau grillé, un brie ou un camembert. (TD)

France, Bordeaux, Libournais
aoc Bordeaux-côtes-de-francs
Château de Francs 2004, Hébrard & de Bouard +967943 - 21,85$
Dominique Hébrard, ex-copropriétaire du fameux Cheval Blanc et Hubert de Boüard, œnologue et copropriétaire du non moins célèbre Château Angélus, se sont associés pour acheter cette propriété, en 1985, afin d'en faire un vin d'exception dans son appellation. Un vin au nez intense de mûre, de cerise et de cassis avec des notes boisées et vanillées. Beau volume en bouche avec du fruit, de la longueur, des tanins mûrs et bien sculptés.

ROUGES

Un vin tout en harmonie et en rondeur, à servir avec une entrecôte marchand de vin ou des cailles au foie gras sauce aux truffes. (TD)

France, Bordeaux, Médoc aoc Haut-Médoc, cru bourgeois supérieur
Château Reysson 2004, +10273387 - 22,35$
Ce vin a gagné la médaille d'argent au Concours Général Agricole de Paris. Il offre un nez complexe de myrtille, de mûre et de cassis avec des notes de vanille, de boisé et d'épices de chêne avec une touche de menthe. La bouche est élégante, ample, fruitée et équilibrée avec une belle structure, des tanins encore jeunes, mais joliment dessinés. Superbe ! Le servir en carafe avec une entrecôte marchand de vin, un filet de boeuf Wellington ou un camembert au lait cru. (TD)

France, Bordeaux, Graves aoc Pessac-Léognan
La Terrasse de la Garde 2005, Vins et Vignobles Dourthe +00018234 - 22,35$
Ce vin rouge du cœur des Graves, élaboré à partir des conseils du fameux œnologue Michel Rolland, offre des arômes complexes de vanille, d'épices de chêne, de boisé et de fruits (cassis, framboise) avec une touche de réglisse. Long, fruité et boisé en bouche avec des tanins encore jeunes, mais bien construits, la finale est épicée (poivre) avec une

ROUGES

pointe d'amertume. Le mettre en cave ou le servir en carafe avec une noisette d'agneau, une fricassée de canard, un camembert ou brie au lait cru fait à coeur. Ce vin a remporté la médaille d'or au Concours de Bordeaux - Vins d'Aquitaine 2005 et la médaille d'argent au Concours Général Agricole de Paris 2005. (TD)

France, Vallée du Rhône, Côtes-du-Rhône
aoc Vacqueyras
Les Christins 2005, Perrin et fils
+872937 - 22,80$
Ce vin met en valeur le grand cépage du sud de la vallée du Rhône qu'est le grenache. Issu d'un lieu-dit du même nom, il allie puissance, souplesse et chaleur. Un vin complet à la palette aromatique très invitante axée principalement sur le fruit et les épices douces. La texture soyeuse se mariera avec des noisettes d'agneau au romarin. Servir à 17°C. (PT)

France, Bordeaux
aoc Premières Côtes de Blaye, Cru Bourgeois
Château Segonzac, Vieilles vignes 2004
+10389013 - 23,30$
Voici un cru bourgeois issu non pas du Médoc mais de la région du Blayais, de l'autre côté de la Gironde. Cette mention, née en 90 afin de promouvoir les meilleurs crus, est largement méritée pour ce vin tanni-

ROUGES

que, plein mais velouté. On y retrouve en fait toutes les belles qualités du merlot, cépage principal de ce vin. Pour les incondtionnels de Bordeaux! Servir à 18°C avec un jarret d'agneau braisé. (PT)

Chili
do Valle del Rapel
Cabernet Sauvignon Vieilles vignes 2004, Château Los Boldos +10327592 - 23,45$
Vin de couleur rubis très profond. Tout en fruit (cassis/mûres) et légèrement mentholé. Attaque tannique et généreuse. Vin puissant avec une finale torréfiée rappelant des notes de fumée. Servir à 17°C sur une côte de bœuf grillée. (PT)

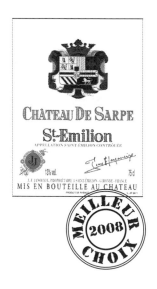

France, Bordeaux, Libournais
aoc Saint-Émilion
Château de Sarpe 2004, Janoueix +896191 - 23,55$
Il y a 8 ans, ce vin était vendu 24,70$ à la SAQ. Autant dire qu'aujourd'hui c'est une bonne affaire. Toujours aussi bien fait, avec rigueur et passion, ce vin offre des arômes de cassis, de cerise, de poivron, de vanille et de boisé que l'on retrouve en bouche avec des tanins mûrs, bien ciselés et des notes de chocolat. On peut soit le mettre en cave, soit le servir en carafe avec une entrecôte sauce bordelaise ou des cailles farcies au foie gras et aux truffes. (TD)

ROUGES

France, Languedoc-Roussillon
aoc Saint-Chinian
Hecht & Bannier 2003, H & B Sélection
+10507323 - 23,55$
Au nez, belle concentration de fruits (cerise noire, cassis, baies sauvages) avec de la réglisse, des notes animales et de caramel brûlé. Fruité et long en bouche avec des tanins secs et puissants, mais bien sculptés. À mettre en cave ou le servir en carafe avec du gibier à poil ou des grillades. (TD)

France, Provence
aoc Les Baux de Provence
La Chapelle de Romanin 2002, Ch. Romanin
+914515 - 23,80$
Un savant dosage de jeunes et de vieilles vignes, des rendements bas, une culture en biodynamie, ajoutez à cela un cadre enchanteur, voilà quelques ingrédients du succès du château Romanin. Son 2e vin est d'une grande expression. Prêt à boire sur le fruit, il est juste assez corsé pour accomoder une fricassée de lièvre au vin rouge et mûres sauvages. Servir entre 15ºC et 16ºC. (PT)

Argentine, Mendoza
Clos de los Siete 2005, Vins & Vignobles Dourthe
+10394664 - 23,85$
Voici un très beau vin au nez de confiture de cerises, de mûres et de framboises avec une note de vanille et

ROUGES

quelques épices que l'on retrouve en bouche avec beaucoup d'ampleur. Il est tout en fruits, consistant et frais, avec des tanins ronds et mûrs. Une belle charpente et une finale très longue. Le servir avec une entrecôte de bœuf, sauce au poivre vert ou une poêlée de champignons sauvages. (TD)

France, Provence
aoc Côtes-de-Provence
Domaine Saint-André de Figuière, Grande cuvée vieilles vignes 2004, Alain Combard +894659 - 24,80$
Alain Combard, vigneron, bourguignon d'origine, s'est expatrié en Provence pour produire des vins bien faits, charnus et puissants. Au nez, ce sont des arômes concentrés de cassis et de mûre avec une touche animale et boisée. Belle masse de fruits en bouche, il est long avec des tanins souples. Le servir avec des viandes grillées comme un carré d'agneau aux herbes de Provence ou un fromage de chèvre affiné. (TD)

France, Bordeaux
aoc Bordeaux
Château Thieuley Réserve 2001, Société des Vignobles Francis Courselle +10328069 - 27,70$
Tout de suite, des arômes de fruits rouges; des baies sauvages arrivent au nez avec des notes de torréfié. En bouche, c'est l'équilibre, le cassis et la mûre avec

ROUGES

132

une belle longueur sur le fruit et des tanins fins, mais encore un peu jeunes. Le servir en carafe avec une côte de bœuf au jus, des rognons grillés ou un camembert au lait cru. (TD)

France, Vallée du Rhône,
Côtes-du-Rhône
aoc Gigondas
Laurus 2001, Gabriel Meffre
+722454 - 28,40$
La couleur assez profonde a des reflets vieux rose. Le nez évoque la réglisse, les fruits cuits et la noix de muscade. Tannique mais souple, il possède la générosité des vins du Rhône mais sans aucune lourdeur. J'aime sa persistance qui nous laisse sur des accents de fruits bien mûrs. Je le mettrais en valeur à 17°C avec un mijoté de sanglier au romarin. (PT)

France, Provence
aoc Côtes-de-Provence
La Courtade 2004, Domaine de la Courtade
+10273441 - 30,25$
J'ai déjà eu l'occasion de goûter les vins de ce domaine, il y a une dizaine d'années. C'étaient des vins durs, des vins de longue garde. Aujourd'hui, les choses ont un peu changé. Le Domaine produit des vins plus souples comme celui-ci, fait de Mourvèdre, principalement, et de Syrah. Une expression plus féminine du terroir. Des arômes de torréfié et de lys avec

ROUGES

133

une belle masse de fruits prête à exploser d'ici deux ou trois ans. Ample et long en bouche avec des tanins durs mais bien sculptés. Le mettre en cave ou le servir en carafe avec du gibier ou un carré d'agneau grillé. (TD)

France, Vallée du Rhône, Côtes-du-Rhône
aoc Crozes Hermitage
Domaine de Thalabert 2004, Paul Jaboulet Ainé +176115 - 33$
Nez floral de violette et de muscade. Bouche charnue soutenue par une belle fraîcheur. Les tanins se retrouvent en finale, soyeux et fins. Un vin très bien construit qui saura se mettre en valeur avec un mijoté de chevreuil sauce champignons et cassis. Servir à 16°C. (PT)

France, Languedoc-Roussillon
aoc Coteaux-du-Languedoc
Château Puech-Haut Tête de Bélier 2003, +919092 - 35,50$
Un beau vin au arômes généreux et concentrés de fruits rouges, cassis, mûre, de grillé et de jasmin avec quelques épices et un léger boisé. Attaque ample, corsée, fruitée et longue en bouche avec des tanins secs mais finement dessinés, et une finale sauvage. Le mettre en cave ou le servir en carafe avec des viandes grillées, un tournedos sauce au poivre vert ou un carré

ROUGES

d'agneau aux herbes de Provence. (TD)

Espagne, Rioja
doc Rioja
Marqués de Caceres
Gran Reserva 2000,
Union Viti-Vinicola
+865535 - 36$
Un très beau Rioja au nez complexe de baies sauvages, de mûre et de cerise noire avec des notes de boisé, de grillé, de cuire et d'épices. Dense, ample, fruité, frais, long et charnu en bouche avec des tanins bien dessinés et une finale épicée. Un vin équilibré et élégant, à mettre en cave ou à servir en carafe avec un filet de bœuf en croûte sauce au foie gras, un tournedos aux morilles ou un carré d'agneau sauce moutarde. (TD)

France, Provence
aoc Bandol
Château Vannières
2004 +855189 - 37$
Ce vin ensoleillé est très expressif, complexe et racé. Les notes florales du premier nez font place aux fruits mûrs, au cuir et aux épices douces. Généreux et puissant, la finale est longue et persistante. Il s'appréciera à 17ºC avec une entrecôte au poivre ou une côte de cerf sauce espresso. (PT)

ROUGES

États-Unis, Californie,
Napa Valley
Cabernet Sauvignon
2002, Robert Mondavi
+255513 - 39,50$
Encore dans la Vallée de Napa avec un Mondavi, cette fois, le cabernet-sauvignon 2002 m'a emballé, moi qui ne suis pas « vins américains ». J'ai apprécié sa robe rouge grenat très profond, son nez généreux d'odeurs presque sauvages où se mêlent chocolat, sousbois, le tout agrémenté de fines épices. La bouche offre une texture solide et souple, tout à la fois. On appréciera ce cabernet-sauvignon, servi à 17°C sur une gigue de chevreuil ou un rôti de marcassin. (JGJ)

Italie, Sicile
igt Sicilia
Harmonium, Nero
d'Avola 2004,
Casa Vinicola Firriato
+10542671 - 39,50$
Le producteur aime tellement son vin qu'il le compare à une «grande composition musicale», c'est pourquoi il l'a appelé Harmonium. Un beau vin au nez de réglisse et de cerise noire avec un léger boisé. Ample, riche et fruité en bouche avec des tanins épicés, presque sucrés, avec une pointe de fraîcheur et une finale longue. Un vin puissant et concentré à servir avec des rognons de veau, un rôti de boeuf sauce à la moelle ou un fromage à pâte molle et à croûte lavée

ROUGES

comme le Livarot ou le Reblochon. (TD)

Italie, Toscane
doc Bolgheri
Piastraia 2003,
Michele Satta
+879197 - 39,75$

Un nez encore discret de fleurs et de café. Une bouche somptueuse, riche et pleine de matière qui demandera quelques années avant de révéler tous ses secrets. On peut être patient mais on peut l'apprécier déjà à condition de le passer au préalable en carafe au moins 30 minutes. Servi à 18°C il mettra en valeur votre côte de boeuf grillée servie saignante bien entendu! (PT)

Canada, Colombie-
Britanique, Vallée de
l'Okanagan
Le Grand Vin Okanagan
2003, Osoyoos Larose
+10293169 - 42$

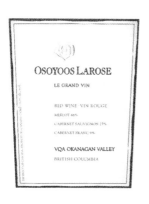

La Colombie-Britannique jouit d'un climat des plus favorables. On comprend que le groupe Vincor se soit associé aux amérindiens de là-bas, pour exploiter un vignoble, dans la vallée d'Okanagan, sur les bords de la rivière Osoyoos. Bien plus, c'est au groupe français Taillan que Vincor s'est joint pour produire l'Osoyoos Larose, un vin dont la réputation fera certes le tour du monde, reçoit déjà les compliments de tous les chroniqueurs et de l'ensemble des amateurs. À découvrir sur

ROUGES

137

des côtes d'agneau aux asperges, servi à 17°C (JGJ)

*Espagne, Catalogne
do Penedès*
**Mas La Plana
Cabernet-Sauvignon
2001, Miguel Torres
+10796364 - 44,75$**

Un vin magnifique aux arômes puissants de fruits (mûre, cassis, myrtille), de torréfié, de cacao et de vanille avec une note animale et de cuir. Ample, généreux, moelleux, très long et bien fruité en bouche avec des tanins ronds et une finale délicatement épicée. Un grand vin, superbe! Le servir avec un filet de boeuf en croûte, un tournedos aux morilles ou un confit de canard. (TD)

*Italie, Toscane
igt Toscana*
**Vigorello 2001,
San Felice
+858373 - 51$**

Considéré comme le premier super-toscan, cette grande cuvée à base de sangiovese et de cabernet sauvignon a le mérite d'avoir conservé, au fil des ans, non seulement son caractère mais surtout un prix qui le rend accessible à tous. Une couleur profonde, un nez complexe, les tanins sont fins, serrés, bien présents. Généreux et racé. Le vin est définitivement encore jeune et il faudra le passer en carafe un bon 45 minutes avant le service, si vous ne pouvez attendre de le déguster d'ici 3 ou 4 ans.

ROUGES

Servir à 18°C avec une côte de cerf et sa réduction de cabernet sauvignon et chocolat. (PT)

France, Bourgogne, Côtes-de-Nuits
aoc Chambolle Musigny
Chambolle Musigny 2001, Taupenot-Merme +00720177 - 57$

J'adore cette appellation réputée pour ses vins aux tanins souples et charmeurs ne manquant toutefois pas de structure. Le 2001 du Domaine Taupenot-Merme est très représentatif avec ses arômes de fruits noirs et de sous-bois et sa texture en bouche fine et soyeuse. À apprécier autour de 16°C servi avec un filet mignon de boeuf aux chanterelles. (PT)

Notes: _____

_____

_____

_____

_____

_____

_____

_____

_____

_____

_____

_____

_____

ROUGES

139

LES APPELLATIONS DU PORTO

Le vin du Douro c'est le vin rouge tel qu'on le connaît. Le vin de Porto, c'est du vin rouge muté à l'eau-de-vie que l'on appelle communément Porto et qui est vieilli en barrique ou en fût de chêne. Selon la qualité et le traitement, il peut porter diverses appellations:

1) Vieillissement par oxydation (échange d'air dans les tonneaux) avant d'être mis en bouteille:

White ou **Blanc**: Porto fait avec des raisins blancs. Tous les autres sont faits avec des cépages rouges.

Ruby et **Tawny**: Assemblage de plusieurs années et de plusieurs parcelles différentes. Le Ruby est plus rouge que le Tawny de couleur ambrée (qui s'éclaircit avec le temps). La différence de fabrication réside dans le passage en grosses barriques qui conservent mieux le pigment rouge pour le Ruby et en petits tonneaux pour le Tawny qui s'oxyde aussi plus fortement. Outre la couleur, le goût est donc également différent. Ces produits dits "standards" ont trois ans minimum de vieillissement en fût.

Tawny 10 ans, 20 ans, 30 ans et 40 ans: Moyenne d'âge des vins de 10, 20, 30 et 40 ans.

Coleita: Il s'agit de Tawny fait à partir de récoltes de la même année, provenant de parcelles de qualité supérieure à la moyenne.

2) Vieillissement par réduction (vieillissement en bouteille après un passage en fût):

LBV (Late Bottled Vintage): Passe quatre à six ans en fût puis se conserve quelques années en bouteille. On parle plus de conservation que de vieillissement en bouteille. Mais il s'améliore aussi avec le temps.

Vintage: C'est le haut de gamme et c'est aussi le vin pour la garde. Après un séjour de deux ans minimum en fût, il est mis en bouteille dans laquelle il va vieillir à l'abri de l'oxygène, donc par réduction. Il peut se conserver de 20 à 30 ans et plus. Dès qu'on l'ouvre il doit être consommé dans les 24 heures car ce vin n'est pas habitué à l'oxygène. Il est d'ailleurs recommandé de le décanter.

VINS FORTIFIÉS

VINS FORTIFIÉS

*Espagne, Andalousie,
Sanlucar de Barrameda
do Manzanilla - Xérès*
**Alegria, Williams &
Humbert
+10808839 - 13,40$**
Le climat de la région de
Sanlúcar de Barrameda est
influencé par la rivière Guadalquivir et l'océan Atlantique. Il en résulte un climat
humide et le vieillissement
en barrique (5 ans en moyenne) donne un produit plus
souple et onctueux. En outre, il offre des saveurs légèrement salées avec des
goûts de noix de Grenoble
et une finale longue et délicatement épicée. Même s'il
s'agit d'un Xérès, ce terroir
est si particulier qu'il possède sa propre appellation,
Manzanilla Sanlúcar de Barrameda. Servez-le avec des
gâteaux secs, un fromage
de type tomme du Jura ou
à l'apéro. (TD)

*Portugal,
Région de Lisbonne
doc Moscatel-de-sétubal*
**Alambre 2001,
José Maria da Fonseca
+357996 - 15,75$**
Très belle robe dorée foncé
aux reflets orangés. Beaucoup d'élégance au nez :
zestes d'orange, abricots
séchés, noisettes. La bouche est onctueuse, douce
mais sans excès. Servir
bien frais sur une crème

141

brûlée au Grand-marnier. (PT)

Canada, Québec
Mistelle de raisin
L'Apérid'Or, 16,5%, La mistelle de L'Orpailleur +734533 - 15,95$/500ml
Fait de cépage Seyval, cette mistelle est vraiment bien faite. Le nez offre des arômes légers de brioche, de beurre, de vanille et de fruits à l'eau-de-vie que l'on retrouve en bouche avec une belle matière, quelques épices douces et un joli moelleux. Le servir frais (6ºC à 8ºC) à l'apéritif ou au dessert avec une tarte aux noix de pacane. (TD)

France, Charentes, Cognac
aoc Pineau-des-charentes
Pineau des Charentes, Marnier-Lapostolle +155903 - 18,40$
Si le pineau des Charentes est dû à un oubli, à une distraction ou au hasard, le produit élaboré par la maison Marnier est le fruit de beaucoup de soin et d'attention. Le premier pineau aurait été découvert par un vigneron qui eut besoin d'une petite barrique pour y verser du jus de raisin mais il avait oublié, le vigneron, qu'il y avait déjà de l'eau de vie (du cognac) dans le contenant... Le moût, bien sûr ne fermenta pas, mais le liquide qui avait survécu a paru bien agréable, c'était le pineau des Charentes. Celui de Mar-

nier est d'un joli doré, le nez est généreusement capiteux ce qui se poursuit en bouche, d'ailleurs. On le sert bien frais, jamais sur glace, avec du cantaloup, une tranche de foie gras poêlée. (JGJ)

France, Languedoc-Roussillon
aoc Rivesaltes
Rivesaltes ambré, Louis Roche, Les Vignobles du Rivesaltais
+10326012 - 19,80$

Un vin doux naturel ou V.D.N. est un vin dont on a bloque la fermentation par l'ajout d'alcool de fruit, ce qui a pour effet d'empêcher les levures de poursuivre leur travail. Le résultat, un peu plus de sucre non transformé et un degré d'alcool un peu plus élevé. Ce vin est élevé en barrique pendant 4 ans. On en apprécie les arômes floraux soulignés de touche de miel et de noix. En bouche, le produit est bien équilibré et des plus agréables. On le sert à température ambiante, sur un dessert au chocolat ou une salade de fruits frais. (JGJ)

Canada, Québec
La Marquise de L'Orpailleur, vin apéritif +734780 - 21,90$/500ml

Issu d'une recette ancestrale de la Provence, ce vin de cépage Seyval est fortifié à l'eau-de-vie et dans lequel a macéré diverses substances aromatiques. Il offre des arômes d'écorce d'orange, de fleurs, de cerise à l'eau-de-vie et d'épices que l'on retrouve en bouche avec beaucoup d'intensité. Doux, fruité et délicatement épicé, servez-le nature, sur glace à l'apéritif ou avec des desserts aux fruits rouges, une tarte au sucre ou au chocolat. (TD)

France, Languedoc-Roussillon
aoc vdn Muscat de Rivesaltes
Domaine Cazes 2004, André et Bernard Cazes
+961805 - 22,95$
J'oserais dire que, dans le style, il est difficile de faire mieux…. Quel équilibre! Allier une telle expression de fleurs et de fruits à une texture aussi fine et soyeuse, sans tomber dans l'excès, est un véritable tour de force. Douceur, acidité et puissance, tout y est pour notre plus grande satisfaction. Servi à 12°C, il accompagnera parfaitement une tarte ou une mousse aux fruits : citrons confits, pêches, abricots ou fruits exotiques. (PT)

Portugal, Haut-Douro
ac Porto Tawny 10 ans
Offley Baron de Forrester,
Sogrape Vinhos
+260091 - 28,60$
Vieilli dans des caves centenaires, ce tawny aux belles couleurs fauves présente un nez intense et complexe de fruits secs (raisins, pruneaux) et de noix avec une

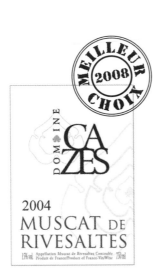

VINS FORTIFIÉS

touche de vanille. Ample, généreux, long, équilibré et bien fruité en bouche avec des notes de pâte de coing et une finale doucement épicée. Le servir avec des gâteaux secs aux amandes ou un foie gras poêlé. (TD)

Portugal, Madère
ac Madère
Madère verdelho
15 ans, Henriques
& Henriques
+553677 - 70$
Très jolie couleur ambrée aux reflets verts. Vin aux arômes complexes de caramel et de café réhaussés par un caractère minéral lié au sol volcanique de l'île. D'une douceur et d'une générosité plus réconfortante qu'enivrante. Sa très longue persistance en fait un produit d'exception à découvrir absolument! Servir autour de 14°C avec un fromage affiné à pâte ferme comme la mimolette extra-vieillie. (PT)

Notes: _____

_____

_____

_____

_____

_____

_____

_____

_____

VINS FORTIFIÉS

145

BIÈRES

Bonnes adresses où boire les bières en fût

Étant donné sa grande fragilité, tous les experts s'entendent pour dire que la bière est meilleure servie à la brasserie. Cet état de fait, combiné aux énormes coûts reliés à l'achat d'équipement d'embouteillage, ont contribué à ce que se multiplient les bistros-brasseries, endroits où l'on sert des bières brassées sur place.

Le Québec compte plus d'une quinzaine de bistro-brasseries, la plupart d'entre eux, concentrés dans la région métropolitaine. Leur petite production nécessite plusieurs visites afin de faire le tour de tous les produits offerts par ces brasseries. On peut souvent compter des spécialités saisonnières qui changeront selon le calendrier ou l'humeur du brasseur. La quasi-totalité des bistros-brasseries offre des repas, certaines tables étant plus élaborées que d'autres.

Voici les incontournables :

Dieu du Ciel!
29, rue Laurier Ouest,
Montréal
Tél.: 514-490-9555
Ici, la carte des bières impressionne souvent. Ne manquez pas l'occasion d'y savourer la Vaisseau des Songes, surtout lorsque disponible en *cask*. On peut y manger des sandwichs faits sur mesure et d'autres petits plats à grignoter.

L'amère à boire
2049, rue Saint-Denis,
Montréal
Tél.: 514-282-7448
Très bien situé, en plein quartier latin de Montréal, L'amère à boire brasse l'incontournable Cernà Hora. On y sert une cuisine de type bistro en plus des petits plats qui accompagnent bien la bière.

Le Brouemont
107, boul. Bromont, Bromont
Tél.: 450-534-0001
Un bel arrêt à faire en revenant du ski ou du golf. Leur India Pale Ale accompagne bien les hamburgers au fromage bleu qu'on y sert.

Le Saint-Pub
2, rue Racine, Baie-Saint-Paul
Tél.: 418-240-2332
Très belle terrasse juste au coin de la rue Saint-Jean-Baptiste. On peut facilement y rencontrer le sympathique patron, Frédérick Tremblay. Il saura vous conseiller sur la bière qui accompagne le mieux les bons plats qu'on y sert. Fermé en hiver, il est préférable de réserver pendant la saison touristique.

La Voie Maltée
2509, rue Saint-Dominique,
Saguenay (Jonquières)
Tél.: 418-542-4373
Autant on y vient pour l'atmosphère de fête que pour les pizzas et, bien sûr, pour la bière. Pour les amateurs d'Imperial Stout, la Criminelle est un *must*.

INTRODUCTION

S'il est une chose sur laquelle les dégustateurs expérimentés n'arrivent pas à s'entendre, c'est la classification des bières. Des heures entières sont perdues à débattre de l'existence ou non d'un style de bière, de la fusion des styles basés sur tel critère ou sur tel autre. Même le puissant *Beer Judge Certification Program* (BJCP) vient de réviser sa grille de styles, provoquant de grandes réactions tant du côté des juges que du côté des brasseurs.

C'est qu'il n'existe pas d'appellation d'origine contrôlée (AOC) pour la bière. Outre les dénominations *lambic* et *trappiste*, valides seulement en Belgique, il n'existe aucune législation qui oblige les brasseurs à se conformer à quelque règle qui soit lorsque vient le temps d'inscrire un style sur l'étiquette d'un produit. C'est pourquoi nous voyons des appellations *India Pale Ales et Pilsner* utilisées à toutes les sauces. Alors que certains œnophiles et viticulteurs se plaignent du carcan que leur imposent les AOC, du côté de la bière, les brasseries y vont à qui mieux, mieux.

Jusqu'à ce jour, aucune classification de produit n'a réussi à aider le consommateur à s'orienter dans son choix d'une bière qui agrémentera un repas ou une soirée. Les classifications selon le lieu géographique, les ingrédients, le pourcentage d'alcool, la couleur, la méthode de fermentation ou la taille de la brasserie ne nous disent rien sur ce que goûte la bière. La classification du BJCP, qui nous propose 23 styles subdivisés en 80 sous-styles et 14 nouveaux sous-styles à l'étude, est beaucoup trop complexe pour le consommateur. Un constat s'impose à nous : nos outils sont défectueux. Mais nous avons quand même dû faire un choix.

L'auteur de ces lignes, puriste de nature, se fait un peu violence en travaillant avec une classification par couleurs. Mais force est de constater que c'est la plus populaire. De plus, les Guides Debeur ne sont pas écrits pour leurs auteurs, mais pour le consommateur, c'est-à-dire "monsieur et madame tout-le-monde" qui veut avoir des critères pour faire le meilleur choix possible.

En espérant que le lecteur saura comprendre que la couleur d'une bière n'a aucune influence sur son goût, vous trouverez donc les bières classées en **Blanches, Blondes, Rousses, Brunes et Noires** avec parfois le suffixe **Forte,** lorsque nécessaire.

Claude Boivin

BIÈRES

BIÈRES BLANCHES

Québec
Blanche
**Boréale Blanche, 4,2%,
Les Brasseurs du Nord -
1,42$/341ml**
Une bière très pâle et voilée, à la mousse blanche et
abondante. Arômes sucrés
aux notes d'agrumes (sur-
tout le citron), de blé et de
coriandre. Courte et désaltérante, des flaveurs d'agrumes et de coriandre domi-
nent en bouche. À boire
froide à l'apéritif accompagnée de salade, de crudités
ou de fromage de chèvre
frais. (CB)

Belgique
Blanche
**Blanche d'Hoegaarden,
4,9%, Inbev Belgium -
1,90$/330ml**
D'une couleur très pâle, voilée, presque laiteuse, cette bière est coiffée d'une
belle mousse lorsque servie
correctement dans un verre
impeccable. Le nez présente d'agréables arômes de
levure, de blé et d'agrumes.
Mince et désaltérante en
bouche, une pointe d'aci-
dité laisse rapidement la
place à une rondeur discrètement sucrée. Servie froide, cette bière est un excellent apéritif en accompa-

BIÈRES

gnement de salade. Excellent avec la tom yam kung (soupe thaïlandaise aux crevettes, piments et citronnelle). (CB)

Québec
Blanche
La Blanche, Cheval Blanc, 5%,
Les Brasseurs RJ -
3$/341ml
Robe voilée à la couleur de paille. Cette bière est coiffée d'une mousse fine et discrète. Son nez un peu sulfureux présente des notes de poivre, de clou de girofle et de coriandre. Moyennement ronde en bouche, les notes douces, sucrées et citronnées donnent l'impression d'avoir un bonbon au citron en bouche. À boire avec des fruits de mer en salade. (CB)

Québec
Blanche
Blanche de Chambly,
5%, Unibroue -
4,69$/750ml
Bière très pâle, presque blanche, voilée et coiffée d'une mousse abondante. Nez de pain frais, de citron et de coriandre. En bouche, l'attaque est sucrée, suivie d'une faible touche d'acidité. Cette bière très courte et rafraîchissante accompagne bien les fromages de chèvre frais. (CB)

BIÈRES

BIÈRES BLONDES

Québec
Ale Blonde
Boréale Blonde, 5%,
Les Brasseurs du Nord -
1,42$/341ml
D'une robe dorée, scintillante et coiffée d'une mousse fugace, cette blonde sans prétention présente de doux arômes sucrés aux légères notes de maïs. Mince en bouche, la dominante est douce-sucrée avec une très légère finale amère et céréalière. À boire avec des fromages très doux ou salés. (CB)

Pays Bas
Standard américaine
Brahma, 4,8%,
Inbev - 1,77$/355ml
Une bière jaune pâle à la mousse fuyante. Nez extrêmement discret de céréales. Mince en bouche, cette bière présente quand même une très faible amertume qui, combinée à sa minceur la rend désaltérante. À boire très froide avec des grignotines salées. (CB)

Allemagne
Pils
Beck's, 4,8%, Inbev
Germany - 1,88$/330ml
Bière blond doré à la mousse fugace. Arômes sucrés

BIÈRES

de malt et de maïs. Mince en bouche, l'attaque légèrement sucrée laisse place à une courte pointe d'amertume. Accompagne bien les fromages doux. Il est préférable d'acheter cette bière en cannette ou, mieux encore, en fût, parce que la couleur verte de la bouteille ne protège pas adéquatement la bière. (CB)

Belgique
Pils
Stella Artois, 5,2%, Inbev Belgium - 1,88$/330ml

Bière à la robe blonde, coiffée d'une mousse blanche et compacte. Nez de céréales et de houblon aux légères notes d'agrumes. Moyenne à mince en bouche, l'attaque sucrée laisse place à une bonne amertume. Cette bière équilibrée accompagne bien les fromages doux. Prenez soin d'acheter cette bière en cannette ou, mieux encore, en fût, puisque la bouteille verte ne protège pas adéquatement la bière. (CB)

Belgique
Belge Blonde
Leffe Blonde, 6,6%, Inbev Belgium - 1,90$/330ml

Dorée scintillante à la mousse riche et tenace, qui forme une belle dentelle sur le verre. Le nez est agréablement fruité et épicé sur un très léger fond d'alcool. Ronde en bouche, la dominante de cette bière est un doux sucré. Accompagne

151

autant les fromages persillés que le dessert. (CB)

Angleterre
Pale Ale
Boddingtons, 4,8%,
Inbev UK - 2,20$/440ml
Robe dorée, presque ambrée, à la mousse fuyante. Nez très discret de malt et de sucre d'orge. Très mince en bouche, l'attaque légèrement sucrée laisse place à un léger goût métallique. À boire avec des cheddars forts. (CB)

BIÈRES

Allemagne
Weissbier
Paulaner Hefe-
Weissbier, 5,5%,
Paulaner Brauerei
+577296 -
2,25$/330ml
Cette bière blonde à la robe légèrement voilée est coiffée d'une belle mousse blanche et crémeuse. De douces effluves de pain frais, de banane et de clou de girofle s'échappent du verre. La bière est moyenne à ronde en bouche, prédominance sucrée et très désaltérante. Se boit en apéritif avec salade et crudités. (CB)

Hollande
Pils
Heineken, 5%,
Heineken -
2,50$/330ml
Bière blond doré et scintillante à la mousse qui disparaît en moins de 5 secondes. Lorsque bue en cannette ou en fût, cette bière présente d'agréables arômes céréa-

liers et des notes herbacées rappelant un champ sauvage. Toutefois, dû à la couleur de son verre, cette même bière en bouteille développe des arômes de «pipi de chat» ou, pire encore, de mouffette. Sèche en bouche, cette bière peut parfois être râpeuse. Se boit avec des grignotines salées. (CB)

République Tchèque
Pilsner d'origine
**Pilsner Urquell, 4,4%,
Pilsner Urquell -
2,50$/500ml**
Bière dorée et scintillante à la mousse compacte et tenace, laissant un agréable filet de dentelle sur le verre. Nez franc de céréales et de houblons nobles. Mince en bouche, l'attaque légèrement sucrée laisse place à une amertume sèche de houblon. Un grand classique à acheter en cannette ou, mieux encore, en fût, puisque la bouteille verte ne protège pas adéquatement la bière contre les effets de la lumière. Accompagne les fromages doux. (CB)

Allemagne
Weissbier
**Hacker Pschorr, 5,5%,
Hacker Pschorr Brau
+00634568 -
2,95$/500ml**
Bière blond voilé à la mousse blanche et crémeuse. Arômes de pain frais et de citron se mêlant à de faibles notes de banane. Mince en bouche, cette bière légèrement acide, surtout désaltérante, est idéale pour l'a-

BIÈRES

péritif accompagnée de salade. (CB)

Belgique
Saison
Vieille Provision
Saison Dupont, 6,5%,
Brasserie Dupont
+00538033 -
5,45$/750ml
Dorée et souvent voilée, cette bière très pétillante se coiffe d'une mousse blanche et abondante, son nez intense et complexe présente des notes d'épices, de citron et de houblon. Sèche et complexe en bouche, sa dominante acide laisse place à une finale amère très désaltérante. Se boit fraîche avec des fromages jeunes. (CB)

BIÈRES

Un demi à la pression...
à la maison

Nous avons testé le premier ***Fût Pression Heineken*** pour la maison doté d'un système de pression breveté. La bière est excellente, vive, aromatique, fruitée, onctueuse et crémeuse avec une belle mousse fine et persistante. Original, c'est toute une attraction lors des soirées entre amis. En outre, elle conserve sa fraîcheur pendant trente jours après ouverture. Cependant, nous avons constaté un manque

(Photo Debeur)

de pression sur les derniers verres. Le fût contient cinq litres de bière et se place facilement dans le réfrigérateur.

BIÈRES BLONDES FORTES

Belgique
Belge Forte
Duvel, 8,1%,
Brasserie de Moortgat
+00194431 -
3,10$/330ml
Bière dorée et légèrement voilée à l'effervescence du champagne, formant une mousse blanche, dense, compacte et tenace, qui laisse une dentelle complexe sur le verre. Nez complexe et fruité d'alcool, de poire, d'épices et de houblon. Moyenne à ronde en bouche, cette reine de l'équilibre surprend par sa complexité. À déguster avec les fromages persillés. (CB)

Québec
Belge Forte
Don de Dieu, 9%,
Unibroue -
5,49$/750ml
Bière blond voilé, coiffée d'une mousse un peu fugace. Nez d'abricot, d'orange et de levure. Ronde et sucrée en bouche, on décèle des notes d'abricot, de pomme, de coriandre et d'alcool. À boire avec des desserts aux fruits. (CB)

BIÈRES

155

BIÈRES

Belgique
Belge Forte
Floreffe Triple, 7,5%,
Brasserie Lefebvre
+10400892 -
6,35$/750ml
Robe jaune et voilée aux teintes orangées. L'effervescence soutenue forme une mousse généreuse. Nez complexe de céréales, de fruits et de houblon. La forte effervescence amplifie l'impression de rondeur, adoucissant bien l'amertume. Se boit avec des fromages persillés. En débouchant la bouteille, faire attention au bouchon qui a tendance à vouloir se lancer en orbite. (CB)

Belgique
Belge Forte
La Chouffe, 8%,
Brasserie d'Achouffe
+00231597 -
6,35$/750ml
Bière blond orangé, à forte effervescence. Nez herbacé et épicé aux faibles notes d'agrumes. Moyenne à ronde en bouche, l'attaque et la dominante de cette bière sont l'amertume. Bue fraîche, elle devient rafraîchissante malgré son 8% d'alcool. Accompagne bien les fromages persillés. (CB)

Belgique
Triple
**Moinette Blonde, 8,5%,
Brasserie Dupont
+10313123 -
6,75$/750ml**
Robe blond doré, presque ambrée. La mousse est impressionnante et tenace. Nez d'alcool, de levure et d'herbes fraîches. Moyenne ronde en bouche, l'attaque sucrée laisse rapidement place à une agréable pointe d'amertume couronnée par une rétro-olfaction où domine l'alcool. Accompagne bien les fromages de type Oka et la charcuterie. (CB)

Notes: _____

_____

_____

_____

_____

_____

_____

_____

_____

_____

_____

_____

_____

BIÈRES

BIÈRES ROUSSES

BIÈRES

Québec
Barley Wine
Boréale Cuivrée, 6,9%,
Les Brasseurs du Nord -
1,42$/341ml
Belle robe roux cuivré, surmontée d'une mousse fine et tenace. Nez de caramel au beurre et de sucre d'orge. Ronde en bouche, cette bière agréable domine par le sucré et les faibles notes d'alcool en finale. À boire avec des fromages à pâte molle bien affinés. (CB)

Québec
Pale Ale
Boréale Rousse, 5%,
Les Brasseurs du Nord -
1,42$/341ml
Bière à la belle robe rousse et scintillante, coiffée d'une mousse fine et discrète. Arômes de sucre d'orge et de caramel au beurre. Moyenne à ronde en bouche, l'attaque et la dominante sont sucrées. En finale, une amertume toute discrète vient nous surprendre. Accompagne bien les viandes rouges ou le poisson. (CB)

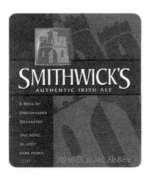

Irlande
Irish Ale
Smithwick's, 5%,
Dundalk (Diaego) -
1,67$/500ml
Bière à la robe rousse et scintillante, coiffée d'une mousse discrète et fugace. Légers arômes de sucre d'orge, de caramel au beurre et de noisette. Mince en bou-

che, cette bière est désaltérante malgré son caractère légèrement sucré. Accompagne bien les fromages doux. (CB)

Angleterre
Pale Ale
Bass, 5%, Inbev UK - 1,90$/355ml
Avec une robe rousse et claire, cette bière présente une mousse fine et discrète. Les arômes de sucre d'orge prédominent au nez. Mince en bouche, l'attaque et la dominante de cette bière sont le sucre. Un filet d'amertume nous revient en finale. Se boit avec des viandes rouges et des poissons. (CB)

Allemagne
Doppelbock
Paulaner Salvator, 7,5%, Paulaner Brauerei +10401140 - 2,20$/330ml
Bière à la robe roux foncé, presque brune, coiffée d'une mousse de couleur caramel. D'agréables arômes sucrés se combinent avec le sucre d'orge et la vanille, si bien que, cette impression d'arômes revient en bouche en plus de se marier à une rondeur onctueuse. Bière à boire au dessert ou avec des fromages coulants. (CB)

Allemagne
Weizenbock
Aventinus, 8%, Schneider Brauerei +00366088 - 3,30$/500ml
Robe roux foncé, mousse généreuse et fine. Le nez

BIÈRES

159

est complexe et fruité avec des notes de malt et de tarte aux raisins. Très ronde en bouche, l'attaque, la dominante et la finale sont dominées par le sucré. Cette bière est un grand classique du Weizenbock et se déguste obligatoirement au dessert ou seule en digestif. (CB)

Belgique
Inclassable
Orval, 6,9%, Brasserie d'Orval +10398905 - 3,30$/330ml

Robe roux orangé, coiffée d'une mousse généreuse, compacte et tenace, laissant une agréable dentelle sur le verre. Nez puissant et complexe de sapin et d'étable. Moyenne à ronde en bouche, l'attaque légèrement sucrée laisse place à une amertume tranchante et une rétro-olfaction de sapinage et de fond d'étable. Accompagne à merveille les fromages de type Oka et la charcuterie. La seule brassée par les moines de l'abbaye d'Orval, cette bière mérite largement sa réputation internationale. (CB)

Angleterre
Extra Special Bitter
Fullers ESB, 5,9%, Fuller's Smith and Turner +10322396 - 3,85$/500ml

Bière à la robe roux ambré, coiffée d'une mousse modeste mais tenace. Arômes discrets de sucre d'orge et de houblon. De rondeur moyenne en bouche, cette

BIÈRES

excellente bière nous fascine avec ses notes de sucre d'orge sur un très léger filet d'alcool. Accompagne bien les viandes rouges ou le poisson. (CB)

Angleterre
Extra Special Bitter
Fullers London Pride, 4,7%, Fuller's Smith and Turner +1032238 - 3,85$/500ml
Robe ambrée foncée, coiffée d'une fine mousse modeste et tenace. Légers arômes de sucre d'orge, de fruits et de caramel. Très discrète en bouche, cette bière est rafraîchissante malgré son caratère légèrement sucré. Accompagne bien le cheddar fort. (CB)

Québec
Weizenbock
La Maudite, 8%, Unibroue - 5,09/750ml
Robe roux orangé, voilée. La mousse généreuse s'estompe lentement au fil des gorgées. Nez aux nombreuses épices, sur un fond de sucre d'orge et d'orange. Ronde et sucrée en bouche. Le sucre, bien accompagné d'épices et d'agrumes, laisse place à une légère finale d'alcool. Accompagne à merveille le camembert et les crèmes brûlées. (CB)

BIÈRES

Notes: _____

_____

_____

_____

BIÈRE BRUNE

BIÈRES

Angleterre
Porter
**Fullers London Porter
5,4%, Fuller's Smith
and Turner +10322409
- 3,85$/500ml**
Bière à la robe brun foncé
aux reflets de rubis, coiffée
d'une fine mousse assez tenace. Nez de torréfaction
où le chocolat et l'espresso
se mêlent pour masquer les
discrètes notes fruitées. Ronde et onctueuse en bouche,
cette bière est de velours.
Le chocolat noir et l'espresso reviennent avant de cé-
der à une bonne amertume
de torréfaction. À boire avec
des fromages fumés. (CB)

Notes: _____
_____
_____
_____
_____
_____
_____
_____
_____
_____
_____
_____

BIÈRES BRUNES FORTES

Écosse
Scotch Ale
McEwans, 8,5%,
Scottish and Newcastle
+00008912 -
2,35$/355ml
Robe brune, scintillante avec quelques reflets rubis. Nez de torréfaction, de caramel au beurre et de cerises au marasquin. Bien ronde en bouche, cette bière complexe domine par ses saveurs sucrées, torréfiées et fruitées. Accompagne les fromages coulants à pâte molle et les desserts. (CB)

Belgique
Dubbel
Floreffe Double, 6,3%,
Brasserie Lefebvre
+10269572 -
2,65$/330ml
Bière brun foncé, voilée à la mousse fine et tenace, teintée de beige. Nez fruité aux légères notes de torréfaction et de malt. Ronde en bouche, la dominante sucrée laisse place à une douce rondeur d'alcool et de grillé. Se boit au dessert ou seule en digestif. (CB)

BIÈRES

163

Belgique
Dubbel
**Maredsous, 8, 8%,
Brasserie Maredsous
+00199174 -
3$/330ml**
Bière à la robe brun voilé, coiffée d'une fine mousse teintée de beige. Nez très fruité où le sucre d'orge se mélange aux faibles notes de torréfaction et de raisins. Ronde et sucrée en bouche, la torréfaction revient avec les raisins et l'alcool en finale. Accompagne les desserts ou se boit seule en digestif. (CB)

Québec
Dubbel
**La Trois Pistoles, 9%,
Unibroue -
5,49$/750ml**
Bière à la robe brun voilé et à la mousse fine et teintée de beige. Arômes sucrés de raisins, de prunes et d'agrumes sur un important fond de levure, d'épices et d'alcool. Ronde et complexe en bouche, la dominante sucrée s'agrémente bien des notes d'épices et d'agrumes. La rétro-olfaction se fait sur des notes d'alcool. Bière à boire au dessert ou seule en digestif. (CB)

Notes: _____

_____

_____

_____

_____

_____

BIÈRES

BIÈRES NOIRES

Québec
Dry stout
Boréale Noire, 5%, Les Brasseurs du Nord - 1,42$/341ml
Robe noir opaque avec une mousse fine et tenace. Arômes de torréfaction où se mêlent des effluves de café et d'olives noires. Moyenne à ronde en bouche, l'attaque veloutée laisse place à une dominante amère de torréfaction. À boire avec des fromages fumés. (CB)

Allemagne
Scchwarzbier
Kostritzer, 4,8%, Kostritzer Brauerei - 3,30$/ 330ml
Robe noire aux reflets rubis, coiffée d'une mince mousse très discrète. De faibles arômes de céréales s'échappent doucement du verre. Moyenne à mince en bouche, cette bière possède une attaque légèrement sucrée et une très faible amertume en finale. À boire seule à l'apéritif. (CB)

BIÈRES

Notes: _____

_____

_____

_____

_____

_____

BIÈRE NOIRE FORTE

TERRIBLE

Québec
Inclassable
La Terrible, 10,5%,
Unibroue +00695387 -
8,95$/750ml
Bière noire et intense à la mousse fugace. Au nez, un mélange de sucré, de torréfaction et de cerises se fait sentir sur un fond légèrement aigre. Ronde en bouche, cette bière complexe domine par le sucre et l'alcool. Se boit seule en digestif. (CB)

BIÈRES AROMATISÉES

Belgique
Frambozen
Liefmans Frambozen,
4,5%, Liefmans -
4,35$/375ml
Bière roux foncé, voilée, aux teintes rouges. De puissants arômes de framboise explosent hors du verre. Ces arômes nous reviennent en bouche avec puissance. Son caractère mince et acidulé la rend très désaltérante. Elle accompagne bien les salades vinaigrées et les crudités. (CB)

France
Bière aromatisée
XO Bière au Cognac, 8%, Maison Lafragette +527838 - 4,80$/330ml
Bière rousse et scintillante à la mousse évanescente. Nez d'alcool et de cognac. Sucrée en bouche, avec une rondeur moyenne, ce sont les saveurs de cognac et d'alcool qui dominent. À boire seule en digestif ou avec un dessert. (CB)

Belgique
Frambozen
Mort Subite Framboise, 4%, Brasserie de Keersmaeker +602888 - 5,35$/375ml
Bière à la robe et à la mousse légèrement rosées. Nez puissant de framboise et de bois. Mince en bouche, cette bière est aigre et dominée par les saveurs de framboise. Se boit à l'apéritif avec des salades et des crudités. (CB)

Bière forte aux cerises
Strong Cherry Ale
8% alc./vol. 500 mL

Chambly Québec Canada

Québec
Kriekbier
Quelque Chose, 8%, Unibroue +696203 - 8,95$/500ml
Bière à la robe rouge sans effervescence ni mousse. Nez intense de cerise et d'épices sur un fond boisé. Mince en bouche, les épices se mélangent bien aux cerises et à l'alcool. Peut être bue froide à l'apéritif ou réchauffée au dessert. Fait un excellent coulis. (CB)

BIÈRES

CIDRES

Classification des cidres

Cidres tranquilles: cidres non effervescents dont la teneur en alcool varie de 1,5% à 13% alc./vol.

Cidres mousseux et pétillants: cidres effervescents, dont la teneur en alcool varie de 1,5 % à 13 % alc./vol. Effervescence naturelle traditionnelle ou en cuve close et gazéifiée quand artificielle. La méthode traditionnelle est un gage d'une qualité supérieure. Quant aux cidres pétillants ils ont une effervescence moindre que les cidres mousseux.

Cidres de glace (7% à 13% alc./vol.): obtenus par la fermentation alcoolique du jus de pommes pressées gelées ayant une concentration de sucre résiduel d'au moins 130 grammes par litre après fermentation (voir la définition des cidriculteurs artisans du Québec ci-après).

Cidres liquoreux (5% à 13% alc./vol.): obtenus par la fermentation alcoolique de jus de pomme avec une teneur de sucre résiduel d'au moins 80 grammes par litre.

Cidres apéritifs (15% à 20% alc./vol.): fortifiés par ajout d'alcool, comme on le fait pour les Portos. Ces cidres sont aussi souvent aromatisés de fruits divers. Malgré leurs noms, ils conviennent très bien pour accompagner les fromages à la fin des repas.

Mistelles de pommes (15% à 20% alc./vol.): mélange de jus de pomme et d'alcool souvent aromatisé aux fruits. Ces cidres constituent d'excellents apéritifs mais peuvent aussi très bien accompagner les fromages à la fin des repas.

CIDRES

À PROPOS DU CIDRE...

Depuis la nuit des temps néolithiques et dans toutes les civilisations, l'homme a fait fermenter différents fruits afin d'obtenir une boisson plus ou moins alcoolisée et éventuellement pétillante, puisque le gaz carbonique se développe naturellement lors de la décomposition des levures.

En ce qui concerne le "cidre", il faut savoir que ce terme aurait plusieurs étymologies phonétiques. D'abord "shekar" en hébreu, selon saint Jérôme ; "sikera" en grec, selon Diodore de Sicile et "sicera" pour les Romains, sa première élaboration répertoriée dans des archives ne remonte qu'au XIIIe siècle après J.-C., en Biscaye (Espagne) où l'on parle alors de "sydre". Comme la plupart du temps avec les alcools, ce sont les moines qui en étaient maîtres et par le biais des échanges entre monastères au cours du haut Moyen Âge, le secret de son élaboration se répandit en Europe. Toutefois, c'est surtout en Normandie où la culture du pommier devint une tradition, que celle du cidre en devint une. Au XIXe siècle, la consommation du cidre en France supplante celle de la bière et passe au deuxième rang, derrière le vin évidemment.

C'est une boisson qui traverse les âges et dont les propriétés gustatives, voire chimiques, ont toujours trouvé des amateurs célèbres : Hippocrate, Charlemagne, Guillaume le Conquérant, le Chevalier du Guesclin, Charles IX et, bien plus tard, Gustave Flaubert et Jacques Prévert en parlent dans leurs écrits.

Les différents types de cidres sont passés par l'adaptation aux cultures régionales de chaque pays. Si on le connaît aujourd'hui comme une boisson pétillante, on le distingue également en tant que boisson tranquille tel un vin de pomme. Sa commercialisation est devenue, au fil des époques, tributaire des traditions culinaires et des modes de vie et elle a dû s'adapter à la concurrence des autres boissons.

La France a été le premier pays à réglementer clairement l'élaboration et la présentation du cidre. Elle propose deux grandes catégories, l'une pour la consommation courante et l'autre, de qualité supérieure, qu'on appelle cidre bouché, obligatoirement conditionné en bouteilles champenoises (0,75 l). Ce sont surtout les régions de l'ouest de la France qui ont développé leur style au point de devenir des références internationales. Elles disposent aujourd'hui d'appellations contrôlées et de labels qui les distinguent entre elles.

Au Québec, on détermine deux sortes de cidres qu'ils soient pétillants ou tranquilles. La première est celle des cidres au

CIDRES

taux d'alcool inférieur à 7 degrés. La seconde est celle des cidres au taux d'alcool supérieur à 7 degrés.

Le cidre de glace

Le cidre de glace est en outre une création québécoise, témoin d'un terroir propre conjugué à un climat particulier, mais il s'agit d'un cidre liquoreux dont le sucre est concentré par l'action du froid naturel avant la fermentation. Évidemment inspiré des vins de glace de la province voisine, l'Ontario, on distingue deux façons de fabriquer le cidre de glace du Québec : par cryoconcentration naturelle des sucres dans le jus et par cryoextraction naturelle des sucres dans le fruit (la pomme) resté accroché à l'arbre jusqu'à la fin de l'hiver. Dans le premier cas, on récolte les pommes à l'automne et on les garde jusqu'à la fin de l'année où elles sont alors pressées. On laisse le jus à l'extérieur, dans des cuves, à des températures inférieures à -15 degrés Celsius, afin que l'eau congèle et se détache des sucres naturels du fruit. On soutire ensuite un sirop qu'on fera fermenter de six à huit mois. Dans le deuxième cas, le procédé ressemble davantage à celui des vins de glace, car les pommes déshydratées sont cueillies vers janvier et passent tout de suite au pressurage. Le jus obtenu est sous fermentation pendant six à huit mois pour atteindre environ 12 degrés d'alcool vers le mois de novembre qui suit.

La législation du Québec distingue par ailleurs le cidre de glace du cidre liquoreux.

Dégustation des produits

Je tiens à signaler qu'il faut rester prudent quant à l'analyse du comportement des bulles en ce qui concerne les cidres pétillants, au moment de les verser dans les verres, car il est prouvé aujourd'hui que seul un verre aseptisé en laboratoire a une réelle capacité de montrer le cordon et l'aspect réel d'une mousse d'un liquide à dégagement gazeux.

Un verre particulièrement propre et sec utilisé quotidiennement présentera toujours un dépôt invisible de savon ou de particules poussiéreuses sur ses parois dont dépendront les bulles du cidre ou du vin.

Je vous invite d'ailleurs à prendre deux verres propres et à y verser le même mousseux (cidre, bière ou vin) afin de constater que les bulles et la mousse se comportent différemment.

Guénaël Revel

CIDRES

DÉFINITION DU CIDRE DE GLACE

L'**Association des cidriculteurs artisans du Québec** a établi une définition du *cidre de glace* afin d'éviter les abus dans la fabrication et tenter de protéger l'appellation de ce produit original typiquement québécois. Tout produit similaire qui ne serait pas conforme à ces spécifications devrait être considéré comme *cidre liquoreux.* n.d.l.r.

LES CIDRICULTEURS ARTISANS DU QUÉBEC

«**Cidre de glace**»: soit la boisson obtenue par la fermentation alcoolique du jus des pommes pressées gelées, lequel doit avoir une concentration de sucres avant fermentation, faite uniquement par le froid naturel, d'au moins 300 brix et dont le produit obtenu a une teneur en sucres résiduels d'au moins 130 grammes par litre. Finalement, le taux d'alcool obtenu devra être supérieur à 7% et inférieur à 13% d'alcool par volume.

De plus, les spécificités suivantes doivent être rencontrées:
1. Aucune chaptalisation;
2. Aucune addition d'alcool;
3. Aucune congélation artificielle sur les pommes, jus ou moûts;
4. Froid artificiel permis sur le cidre (-4°C) pour précipitation malique;
5. Aucun arôme ou colorant;
6. Aucune concentration des sucres par d'autres méthodes que le froid naturel;
7. Aucune utilisation de concentré de jus de pomme commercial de quelque origine que ce soit;
8. Le profil organoleptique du produit correspond à celui d'un cidre de glace, tel que déterminé par un comité interprofessionnel;
9. Le producteur de cidre de glace cultive ses pommes;
10. Le pressurage, l'élaboration, l'embouteillage du cidre de glace s'effectuent à la propriété du producteur.

20 février 2006

CIDRES

CIDRES MOUSSEUX ET PÉTILLANTS

Canada, Québec
Cidre léger
La Portée, 5%,
Verger Henryville
+743930 - 8,75$
Un cidre à l'effervescence artificielle, au nez léger de pomme verte avec une touche minérale et carbonique. Intense en bouche avec beaucoup de fraîcheur, de la chair et des goûts de pomme cuite. Le servir avec une longe de porc ou un gâteau au chocolat. (TD)

Canada, Québec,
Hemmingford
Cidre léger
Crémant de pomme,
2,5%, Cidrerie du Minot
+245316 - 9,20$
Un joli mousseux aux bulles fines et aux arômes de pomme, de cire et de fleurs de pommier. Belle matière en bouche où légèreté s'allie à la fraîcheur pour former un ensemble élégant, rond et tout en fruits. Le servir frais (8°C) à l'apéritif ou avec des crêpes aux pommes confites et crème fouettée. (TD)

CIDRES

Canada, Québec
Cidre fort
Le Cidre St-Nicolas Brut, 8,5%, Cidrerie St-Nicolas +10289670 - 10,25$
Un cidre au nez de pomme très mûre, de pelure de pomme et de cire. Très effervescent, sec, puissant, corsé et crémeux en bouche avec une bonne longueur sur le fruit. Le servir frais (8°C) à l'apéro avec des canapés ou un rôti de porc sauce aux pommes. (TD)

Canada, Québec, Hemmingford
Crémant de pomme du Minot rosé, 2,5%, Verger du Minot +717579 – 10,60$
Ce cidre rosé est fait de pommes Geneva à chair rose. Une mousse fine et persistante, des arômes de fraise, de groseille, de fumé et de pelure de pomme. Belle matière en bouche, ample, frais et rond avec du bon fruit et des tanins légèrement astringents qui lui confèrent encore plus de fraîcheur. Le servir frais (8°C) avec des charcuteries, une côte de porc ou un boudin aux pommes. (TD)

Canada, Québec, Hemmingford
Cidre léger
Domaine du Minot méthode traditionnelle, 5%, Cidrerie du Minot +733386 - 13,05$
Un très beau cidre, méthode traditionnelle, à la mous-

se fine et abondante, aux arômes de pomme, de fleurs de pommier et de vanille. Ample, fruité, moelleux et délicat en bouche avec une belle expression de la fraîcheur du fruit, il est équilibré et élégant. Le servir frais (8ºC) tout au long d'un repas. Un grand cidre! (TD)

Canada, Québec
Cidre fort
Leduc-Piedimonte 2004, 10,5%, méthode traditionnelle D - 21,75$
Ce cidre, fait selon la méthode traditionnelle, présente des arômes de pomme mûre, de fleurs blanches et de tabac. Moelleux et fruité en bouche avec de la pomme bien mûre et une bonne amertume en finale qui lui confère de la fraîcheur. Manque un peu d'effervescence. Le servir frais (8ºC) avec un boudin noir aux pommes ou des desserts aux fruits. (TD)

CIDRES DE GLACE

Canada, Québec
Cidre de glace fort
Bonhomme Hiver, 12,5%, Verger Clément Larivière +10705776 – 19,50$
Belle robe dorée soulignée par des reflets verts. Des arômes de cidre, de pomme mûre et de cire. Inten-

se, onctueux et fruité en bouche avec un bel équilibre acide-sucre et une petite touche d'amertume en finale qui ajoute encore à sa fraîcheur. Le servir frais (8°C) avec un foie gras mi-cuit ou une tarte aux fruits. Médaille d'argent aux Sélections Mondiales 2007, Grand or à la Coupe des Nations 2007. (TD)

Canada, Québec,
Sainte-Cécile-de-Milton
Cidre de glace
Le Glacé de la colline,
10,5%, Les vergers de
la colline +10220445 -
19,85$/375ml
Médaillé d'or à la Coupe des nations 2007 de Québec, ce cidre de glace n'en est pas à ses premiers lauriers et pour cause, il offre un très beau nez intense de fleurs blanches, d'agrumes, de pomme et de miel avec quelques épices. Tout aussi intense en bouche, généreusement fruité avec un bon équilibre acide-sucre et de la longueur. Le servir frais (8°C) avec du foie gras, un bleu de St-Benoît ou un dessert aux fruits. (TD)

Canada, Québec,
Saint-Joseph-du-Lac
Cidre de glace
Bouquet sur Glace,
10%, Les Vergers
Lafrance D - 20$/200ml
Un vin de glace simple et bien fait, au nez de pomme cuite que l'on retrouve en bouche avec un bel équilibre acide-sucre. Onctueux, presque crémeux, il faut le

CIDRES

servir frais (6°C à 8°C) avec une tomme du Jura comme le Juraflore, un foie gras poêlé ou un dessert au chocolat. (TD)

Canada Québec
Crémant de glace, 7%, Verger du Minot +10530380 - 22,50$/375 ml

Il n'y avait sans doute que Robert Demoy pour tenter cette aventure d'élaborer un crémant de cidre de glace. On connaissait déjà le cidre mousseux, puis le cidre de glace. Joelle et Robert Demoy ont voulu aller plus loin : faire mousser un cidre de glace. Ils ont réussi! Comme l'explique le cidriculteur lui-même : « Aux arômes subtils et complexes de pommes confites et d'abricot que présente le cidre de glace s'ajoute la fraîcheur du crémant. » C'est toujours la fête, à la fin d'un repas, lorsqu'on offre un « dé » de crémant de glace sur une tarte Tatin ou une crème-caramel. (JGJ)

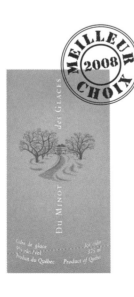

Canada, Québec, Hemmingford
Cidre de glace
Du Minot des Glaces, 9%, Verger du Minot +00733782 - 22,50$/375ml

Un cidre de glace bien réussi avec des arômes complexes de compote de pommes, de coing, de raisin sec et de cire. Intense, généreux, fruité, frais et long en bouche avec un

CIDRES

très bel équilibre acide-sucre et beaucoup de finesse. Le servir frais (8°C) avec un foie gras poêlé, une tarte aux pommes ou aux fruits rouges. (TD)

Canada, Québec
Cidre de glace
Cidre de glace 2005, 8%, Domaine Leduc-Piedimonte D - 24$/375ml
Voici le gagnant Grand Or de la Coupe des Nations 2007 de Québec. Élaboré avec des pommes Spartan et Empire, il offre des arômes d'agrumes, de zeste de mandarine et de caramel que l'on retrouve en bouche avec du citron confit. Une bonne acidité lui donne un bel équilibre, et une petite amertume lui apporte encore plus de fraîcheur. Un beau cidre de glace à servir froid (8°C) avec un fromage bleu, une tarte au citron ou une salade de fruits frais. (TD)

Canada, Québec, Hemmingford
Cidre de glace
Cidre de glace 2006, 12%, Domaine Pinnacle +734269 - 24,45$/375ml
Un joli cidre de glace, égal à lui-même d'une année à l'autre, il offre des arômes de fleurs de pommier et de pomme fraîche avec de légères notes de canelle et de miel. Intense, fruité et onctueux en bouche avec un bel équilibre acide-sucre. Le servir frais (8°C) avec un

CIDRES

177

foie gras poêlé, des biscuits secs aux amandes ou un gâteau au chocolat. (TD)

Canada, Québec, Frelighsburg
Cidre de glace pétillant
Cidre de glace pétillant, 12%, Domaine Pinnacle +10341247 - 29,35$/375ml
On dit qu'il faut plus de quatre-vingt pommes pour fabriquer ce nectar pétillant de 375ml. Des bulles fines, persistantes et des arômes de pomme mûre voire confite que l'on retrouve en bouche avec des notes d'eau-de-vie et une touche d'amertume qui lui confère une fraîcheur supplémentaire. Le servir frais (8°C) à l'apéro ou avec des desserts au chocolat. (TD)

Canada, Québec, Hemmingford
Cidre de glace
Neige éternelle 2005, 10%, La Face Cachée de la Pomme +10473611 - 33,25$/375ml
Des parfums de pomme et de cire avec une touche de vanille que l'on retrouve en bouche, ajoutés à beaucoup de fruits, de fraîcheur, de longueur avec une note boisée très agréable et une pointe de gingembre confit. Un cidre de glace tout en fruit, à servir frais (8°C) avec un foie gras mi-cuit ou poêlé, une frangipane ou des desserts au chocolat. (TD)

CIDRES

*Canada, Québec,
Frelighsburg
Cidre de glace*
**Signature Réserve
Spéciale 2005, 10,5%,
Domaine Pinnacle
+10233756 - 34,50$**
Produit en quantité limitée,
voici un magnifique cidre
de glace aux arômes de
compote de pommes, de
cassonade et de caramel.
Frais, onctueux et intense
en bouche, bien équilibré
avec du fruit, pomme, abricot sec et une longueur superbe. Le servir frais (8°C)
à l'apéro ou avec des desserts au chocolat ou aux
fruits. (TD)

*Canada, Québec
Cidre de glace*
**Domaine Lafrance,
11%, Les Vergers
Lafrance +10438778 -
44,50$/375ml**
Cinq variétés de pommes
ont été nécessaires pour
faire ce fin nectar aux riches arômes de pomme
mûre, de fleurs et de cassonade. Très bel équilibre et
bien fruité en bouche, concentré avec des arômes de
pomme cuite, de pâtisserie
et de clous de girofle. Le
servir frais (8°C) avec une
tarte aux pommes, un foie
gras mi-cuit ou un vieux
cheddar. (TD)

CIDRES

Canada, Québec
Cidre de glace
Frimas 2005, 12%, La Face Cachée de la Pomme +742627 - 49,25$/375ml
L'un des plus beaux cidres de glace aux arômes de fruits exotiques, d'abricot confit, de pomme très mûre, de poire et de caramel. Corpulent, net, franc et bien équilibré en bouche avec une intensité, un équilibre et une longueur remarquable sur le fruit qui finit sur des épices fines. Le servir avec un foie gras poêlé ou une tarte Tatin chaude. (TD)

Canada, Québec
Cidre de glace
Cidre de glace "réserve privée" 2004, 10%, Domaine Leduc-Piedimonte D - 52$/375ml
Des arômes complexes de cassonade, d'ananas, de banane flambée et de fruits tropicaux. Onctueux et bien équilibré par une bonne acidité en bouche, avec une finale d'abricot sec très longue. Le servir frais (8°C) avec un foie gras mi-cuit, une salade de fruits frais ou une mousse au chocolat. (TD)

CIDRES

180

Crème au cidre de glace

*Canada, Québec,
Frelighsburg
Cidre de glace*
**Crème de Pommes au
cidre de glace, 15%,
Domaine Pinnacle
+10544722 - 28,65$**
Voici un authentique pro-
duit du Québec fait de crème fraîche de lait, de cidre
de glace et d'eau-de-vie de
pommes. Il dégage des arômes de crème, d'eau-de-vie
et de pâtisserie au rhum que
l'on retrouve en bouche avec
beaucoup d'onctuosité, des
notes de pomme au four,
de banane flambée et de
torréfié, plus quelques épices en finale; moelleuse et
longue. Le servir sur gla-
çons ou dans un cocktail,
ou encore au dessert, sur
de la crème glacée vanille
et chocolat. Un excellent
produit! (TD)

Notes: _____

_____

_____

_____

_____

_____

_____

_____

_____

_____

CIDRES

MISTELLE DE POMMES

Canada, Québec, Sainte-Cécile-de-Milton
Mistelle de pommes
L'Ensorceleuse, 15%,
Les vergers de la colline
+10472386 -
24$/375ml
Ce produit rappelle un peu le Pineau des Charentes avec un caractère qui lui est tout personnel. Des arômes de pomme très mûre, de pomme au four et de pomme de pin avec des traces de clou de girofle. Bonne présence en bouche, harmonieux avec une belle longueur qui finit sur quelques épices. Le servir frais (6ºC à 8ºC) à l'apéritif ou avec des bouchées de porc et de poulet. (TD)

Notes: _____

_____

_____

_____

_____

_____

_____

_____

_____

_____

_____

CIDRES

COMMENT DÉGUSTER UN COGNAC

Le Cognac est fait d'un assemblage de plusieurs eaux-de-vie provenant de lieux ou d'âges différents.

Petite mise au point sur les appellations. Il y en a deux sortes: une selon l'origine et l'autre selon le vieillissement.

1) Appellation selon l'origine: La région de Cognac se divise en régions concentriques (excepté les Borderies) qui correspondent à six appellations de grands crus, soit: Grande Champagne, Petite Champagne, Borderies, Fins Bois, Bons Bois et Bois ordinaires. Un Cognac provenant à 100% de la Grande Champagne, c'est-à-dire du coeur de la région, la meilleure, a droit à l'appellation **"Grande Champagne"**; si l'assemblage provient à 50% minimum de la Grande Champagne et le reste de la Petite Champagne, ce Cognac a alors droit à l'appellation **"Fine Champagne"**; s'il y a plus de 50% de Petite Champagne, l'appellation désignée est **"Petite Champagne"**; s'il y a une seule goutte d'une autre région qui entre dans les assemblages, aucune de ces appellations n'est autorisée.

2) Appellation selon l'âge: Lorsque le Cognac est fait d'eaux-de-vie d'âges différents, on ne tient compte que de la partie la plus jeune pour attribuer l'appellation; ainsi pour un **"VS"** (Very Special) ou **"3 étoiles"**, il faut que le Cognac le plus jeune dans l'assemblage ait au moins **2 ans** de vieillissement; pour un **"VSOP"** (Very Superior Old Pale) ou **"Réserve"**, il doit avoir **4 ans**; pour un **"Grand VSOP"**, c'est **5 ans**; pour toutes les autres appellations de prestige telles que **"XO"** (Extra Old), **"Napoléon"**, **"Vieille Réserve"**, c'est **6 ans et plus**.

COMMENT DÉGUSTER

On sert habituellement le Cognac dans un verre ballon à pied, à la température de la pièce. En premier lieu, on apprécie la couleur plus ou moins ambrée du précieux nectar; puis sans le faire tourner, on hume d'abord le dessus du verre, à 10 ou 12 cm de hauteur, pour saisir les arômes les plus volatiles. Ensuite on fait tourner le précieux liquide dans le verre pour dégager d'autres arômes et on descend progressivement le nez vers le bord du verre pour aller chercher les arômes volatiles les plus lourds. On pourra alors profiter au maximum de tous les arômes du Cognac, même les plus subtils. Enfin on le boit, à toutes petites gorgées, en le faisant rouler sur la langue. On le boit très lentement pour l'apprécier le plus totalement possible et pour rendre justice aux longues années de soins attentifs qu'il a fallu pour le fabriquer.

SPIRITUEUX ET APÉRITIFS

Canada, Québec
U & I, 9%, Alcomalt Ltd. - 11,99$
U & I – J'ai hésité, la première fois que j'ai vu ces initiales, c'est portant fort simple, il s'agit d'épeler à haute voix et on a U and I: toi et moi... Un produit qu'on trouve à l'épicerie, chez le dépanneur et même dans les SAQ. Ce sont les premiers alcomalts à 20% d'alcool, élaborés au Québec pour le monde entier. J'ai goûté et j'ai trouvé pas si mal... C'est une trouvaille qui permet de réduire sensiblement la consommation d'alcool. Il y a des « Alcomalts type vodka, dry gin et rhum à 20% d'alcool, au prix de 11,99$ pour une bouteille de 750 ml. — Il y a aussi des cocktails: daiquiri aux fraises, vodka canneberge, entre autres à 9% qui se vendent 8,99$ la bouteille. D'intéressantes découvertes à expérimenter ! (JGJ)

Canada, Ontario
Rhum blanc
Lamb's, 40%, La Compagnie Rhums Lamb's +005009 - 19,75$
Un aimable rhum blanc aux arômes de sirop de canne à sucre et de banane flambée avec des notes de fleurs blanches. Généreux et in-

tense en bouche avec une très belle longueur et quelques épices. Un rhum bien fait, à servir nature, dans un cocktail, ou avec des desserts au chocolat. (TD)

Angleterre
Dry gin
Beefeater, 40%, James Burrough
+000570 - 20,20$

Beefeater est une marque de gin dont la création date de 1864. Il est produit en faisant macérer des fleurs, des fruits, des herbes et des amandes dans de l'alcool de grain. Nous avons ici un excellent gin au nez d'agrumes, de zeste de mandarine et d'amande fraîche. Frais et très long en bouche avec des notes d'agrumes, de genièvre et une sensation presque sucrée. Le servir nature sur glace ou dans des cocktails. (TD)

Canada, Québec
Eau-de-vie de sirop
d'érable vieillie
Fine Sève, 40%, Mondia Alliance
+435487 - 23,45$/375ml

Un produit du terroir québécois aux arômes d'érable, de vanille et de fruits confits avec des touches boisées et végétales. Fruité en bouche, marqué par l'érable, les bois et une finale délicatement épicée. Belle longueur. Un produit à offrir à nos visiteurs étrangers ou à servir nature ou encore avec un dessert à l'érable et aux noix. (TD)

SPIRITUEUX

Canada, Québec
Liqueur de cassis
de l'Île d'Orléans
L'Orléane, 23%,
Mondia Alliance
+396119 -
23,45$/375ml
Vraiment bien avec ses arômes puissants, nets et francs de cassis et sa belle présence en bouche. On peut soit l'assembler avec un petit vin blanc acide et faire un Kir (du nom du chanoine, maire de Dijon en France) ou avec un vin mousseux pour faire un Kir royal. On peut aussi l'assembler dans des cocktails ou pour finir un dessert glacé à la vanille. (TD)

Canada, Québec
Apéritif de Bleuets
Minaki, 18%,
Mondia Alliance
+537852 - 23,45$
Minaki signifie "Terre de bleuets" en algonquin. Un apéritif issu du terroir québécois, fait avec des bleuets, aux arômes fruités de bleuets. En bouche, il est rond avec des notes de fruits exotiques un peu confiturés et quelques épices poivrées en toile de fond. À boire frais, nature ou avec un zeste d'orange. (TD)

Canada, Québec
Whisky canadien
et sirop d'érable
Sortilège, 30%,
+364133 -
23,45$/375ml
Fait d'un assemblage de sirop d'érable et de whisky canadien, ce produit de ter-

roir québécois offre un fin nez d'érable que l'on retrouve avec beaucoup d'ampleur en bouche. Moelleux, presque crémeux, il est très long avec des notes de sirop de poire et de grillé. On peut le déguster nature ou sur glace ou avec un dessert au chocolat. (TD)

Italie
Apéritif amer
Campari Bitter, 25%, Davide Campari
+277954 - 24,20$
Cet apéritif original de part sa couleur rouge écarlate se retrouve dans de nombreux cocktails classiques tels que l'américano ou le négroni. Il s'apprécie aussi sur glace avec du jus d'orange mais les vrais amateurs le servent avec du soda accompagné d'une tranche d'orange - surtout pas de citron! Son amertume naturelle apportée par les plantes aromatiques secrètes dont il est composé ouvre l'appétit comme nul autre. Je dois vous avertir, le jour où vous succomberez à la tentation du Campari, vous ne pourrez plus vous en passer… Pour les palais plus délicats, je suggère d'ajouter quelques gouttes de Cointreau. (PT)

Canada, Québec
Whisky canadien
Wiser's de Luxe, 40%, La Distillerie J.P. Wiser
+10749795 - 24,45$
Un whisky canadien plutôt bien fait avec des arômes de vanille, de fruits secs et

de boisé avec un soupçon d'écorce d'orange et de caramel. Bien fruité et moelleux en bouche avec des épices délicates et une belle longueur. La finale est doucement boisée. Le servir nature, sur glace, dans des cocktails, ou encore, avec un foie gras poêlé. Essayez-le dans une pâte à crêpes ou dans une sauce. (TD)

France
Apéritif anisé
Pernod, 40%,
+006049 - 24,70$
Autrefois, on versait l'eau glacée sur un morceau de sucre placé sur une petite cuillère plate en argent ou en acier inoxydable. Aujourd'hui, on ajoute tout simplement l'eau glacée à raison de 6 volumes d'eau pour un volume de Pernod. Cet apéritif anisé très rafraîchissant peut aussi entrer dans de nombreuses recettes culinaires comme les crevettes flambées ou les fraises au poivre. (TD)

France, Provence
Apéritif anisé
Ricard, Pastis de
Marseille, 45%,
+015693 - 24,90$
La boisson la plus populaire à Marseille est l'apéritif anisé que l'on appelle le pastis ou «pastaga», en marseillais. Pastis, en provençal, signifie «mélange». Le pastis est fait d'un mélange de plusieurs plantes aromatiques macérées dans de l'alcool, notamment la réglisse et l'anis. Le plus con-

nu dans le monde est le Ricard. Il offre des arômes d'anis et de réglisse très agréables. Ce pastis, rond et rafraîchissant en bouche, se déguste coupé d'eau glacée avec des bouchées comme des canapés de poissons fumés, par exemple. On peut aussi l'utiliser dans des cocktails ou des recettes. (TD)

Écosse
Highland Scotch,
Pure et single malt
The Glenlivet 12 ans, 40%, Georges & J.G. Smith +021097 - 42$
Tout d'abord c'est le côté boisé qui vient au nez. Puis, petit à petit, des effluves de fumée et de cuir suivis de quelques fruits comme la poire, font leur apparition. Ample, très long, généreux, corsé et fruité en bouche avec beaucoup de caractère et d'épices. Il finit sur des notes presque sucrées. Un très beau scotch single malt que nous recommandons de boire nature en digestif. Il serait dommage d'en modifier la personnalité avec de la glace ou en le perdant dans un cocktail. (TD)

France
liqueur de poire et cognac
Belle de Brillet, 30%, J.R. Brillet +532143 - 42,25$/700ml
Ce beau produit est un assemblage de cognac et de liqueur dans laquelle a macéré des poires Williams. Le nez est très beau avec

SPIRITUEUX

des arômes de poire bien mûre, avec des notes de fruits exotiques et de banane. Très long et moelleux en bouche avec quelques épices et une touche d'amertume en finale qui lui confère une certaine fraîcheur. Un produit à servir en digestif, nature ou sur glace, avec un dessert aux fruits, au chocolat noir ou encore, dans un lapin en sauce. (TD)

France, Normandie, Calvados
aoc Calvados-du-pays-d'Auge
Vieux Calvados Roger Groult 8 ans, 40%, Clos de la Hurvanière +642884 - 69$/700 ml
On dit du calvados qu'il serait un des plus célèbres produits de la Normandie. Dans bien des cas, on a raison, la distillation du cidre de pomme donne une eau de vie parmi les plus fines. Et celui de la maison Groult est particulièrement généreux et goûteux. On le servira aussi dans une flûte miniature ou un verre à dégustation, à la température de la pièce, sans réchauffer ni glacer, à moins qu'on y tienne absolument. On le consommera comme «trou normand» en mi-repas ou encore, il y a de multiples cocktails à réaliser avec du calvados, qui, par ailleurs, s'associe bien avec les pétoncles, en coquilles. (JGJ)

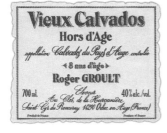

INDEX

INDEX ALPHABÉTIQUE
INDEX PAR PAYS
et
INDEX PAR CODE SAQ

Alambre 2001, José Maria da Fonseca - 15,75$ **141**
Alegria, Williams & Humbert - 13,40$ **141**
Andante 2005, Cave de Ribauvillé - 16,65$ **72**
Anfora 2006, Fontana Di Papa - 13,95$/1L **50**
Antic, Vins de l'Échanson 2003, Sél. F. Cabrel et M. Cosse - 21$ **125**
Antique Sénimaros Cairanne 2001, Cave de Cairanne - 21,40$ **126**
Arnaud de Berre 2005, Château de Lastours - 12,10$ **102**
Arniston Bay, chenin blanc-chardonnay 2007, Omnia Wines - 13,50$ **66**
Aventinus, 8%, Schneider Brauerei - 3,30$/500ml **159**
Bass, 5%, Inbev UK - 1,90$/355ml **159**
Beaujolais Grand Pavois 2005, Françoise Chauvenet - 14,45$ **107**
Beck's, 4,8%, Inbev Germany - 1,88$/330ml **150**
Beefeater, 40%, James Burrough - 20,20$ **185**
Belle de Brillet, 30%, J.R. Brillet - 42,25$ **189**
Blanche de Chambly, 5%, Unibroue - 4,69$/750ml **149**
Blanche d'Hoegaarden, 4,9%, Inbev Belgium - 1,90$/330ml **148**
Blason de Bourgogne 2005, Vignerons des grandes vignes - 14,95$ **68**
Boddingtons, 4,8%, Inbev UK - 2,20$/440ml **152**
Bonhomme Hiver, 12,5%,Verger Clément Larivière - 19,50$ **174**
Boréale Blanche, 4,2%, Les Brasseurs du Nord - 1,42$/341ml **148**
Boréale Blonde, 4,5%, Les Brasseurs du Nord - 1,42$/341ml **150**
Boréale Cuivrée, 6,9%, Les Brasseurs du Nord - 1,42$/341ml **158**
Boréale Noire, 5%, Les Brasseurs du Nord - 1,42$/341ml **165**
Boréale Rousse, 5%, Les Brasseurs du Nord - 1,42$/341ml **158**
Borsao 2005, Bodegas Borsao - 11,55$ **47**
Bortolomiol 2004 - 20,30$ **88**
Bouquet de Provence Billette, La Gordonne - 11,65$ **92**
Bouquet sur Glace, 10%, Les Vergers Lafrance D - 20$/200ml **175**
Bourgogne-aligoté 2002, Taupenot Merme - 17,85$ **75**
Brahma, 4,8%, Inbev - 1,77$/355ml **150**
Burchino 2003, Castellani - 17,95$ **117**
Cabernet Sauvignon 2002, Robert Mondavi - 39,50$ **136**
Cabernet Sauvignon Vieilles vignes 2004, Ch. Los Boldos - 23,45$ **130**
Cabernet/merlot Caapmans 2000, Durbanville Hills Winery - 35,75$ **47**
Cabernet/shiraz Nottage Hill 2005, Thomas Hardy & Sons - 14,95$ **108**
Cabernet-sauvignon 2006, Globe Trotter - 13,25$/1L **52**
Cabernet-sauvignon Medalla 2004, Trapiche - 21,50$ **53**
Cabernet-sauvignon Reserve 2004, Viu Manent - 17,55$ **49**
Cabernet-sauvignon/merlot Telish 2005, Bouquet Telish - 10,30$ **100**
Cabernet-sauvignon/merlot Two Oceans 2006, Bergkelder - 11,95$ **100**
Calixte Brut rosé, Cave Vinicole de Hunawihr -21,25$ **88**
Campari Bitter, 25%, Davide Campari - 24,20$ **187**
Carmen réserve 2005, Vina Carmen - 19,15$ **120**
Carménère Araucano 2005, J. et F. Lurton - 15,35$ **48**
Carmenère Calina Reserva 2004, Vina Calina - 16,25$ **49**
Carmenère Reserva 2004, Baron Philippe de Rothschild - 15,95$ **49**
Carmenère Reserva Santa Rita 2005, Vina Santa Rita - 15,90$ **111**
Casaleiro reserva 2003, Caves Dom Teodosio - 10,75$ **100**
Castello di Pomino 2006, Frescobaldi - 18,90$ **75**
Chablis Champs Royaux 2006, William Fèvre - 22,30$ **78**
Chambolle Musigny 2001, Taupenot- Merme - 57$ **139**
Champagne, Grand Vintage 2000, Moët & Chandon - 86$ **91**
Champagne Pol Roger Brut - 58$ **90**
Champs de Florence 2006, Domaine du Ridge -14,45$ **95**
Chardonnay 2005, Cantine Settesoli - 12,95$ **95**
Chardonnay 2005, Farnese Vini - 8,95$ **46**
Chardonnay Albizzia 2006, Marchesi de Frescobaldi - 14,95$ **69**
Chardonnay Bagueri 2004, Goriska BRDA wine cellar - 20,60$ **77**
Chardonnay Bankside Hardys 2005, Thomas Hardy & Sons - 19$ **76**

Chardonnay Blason de Bourgogne 2005 - 14,95$ **76**
Chardonnay Farnese 2006, Farnese Vini - 9,95$ **62**
Chardonnay Les Graviers 2001, Tissot - 32,75$ **83**
Chardonnay Marlborough 2004, Stoneleigh wineyards - 17,05$ **73**
Chardonnay Marlborough 2005, Cloudy Bay Vineyards - 34,50$ **83**
Chardonnay Réserve 2005, Pierre André - 18$ **50**
Chardonnay Woodbridge par Robert Mondavi 2006 - 14,95$ **69**
Château Beaubois Élégance 2005 - 17,50$ **53**
Château Belgrave 2001, Vins et vignobles Dourthe - 49,75$ **45**
Château Couronneau 2005 - 16,20$ **112**
Château de Francs 2004, Hébrard & de Bouard - 21,85$ **127**
Château de Gourgazaud Réserve 2004 - 18,25$ **118**
Château de Maligny, Vigne de la Reine 2006, Durup Père & Fils - 24$ **79**
Château de Nages Réserve 2005, R. Gassier - 14,50$ **107**
Château de Parenchère 2005 -19,65$ **121**
Château de Pizay, Régnié 2006, Domaine Château de Pizay - 16,35$ **113**
Château de Rouillac 2003, Lafragette de Loudenne - 34,25$ **54**
Château de Sarpe 2004, Janoueix - 23,55$ **130**
Château de Sérame 2003, Vins et Vignobles Dourthe - 19,50$ **121**
Château des Ravatys 2006 - 21,75$ **127**
Château Duplessis 2003, Marie-Laure Lurton - 20,40$ **45**
Château Grand Chêne 2004, Les Vignerons du Brulhois - 16,80$ **113**
Château Haut Selve 2004, Château de Branda - 23,25$ **51**
Château La Gasparde 2002, Jean-Pierre Janoueix - 16,80$ **113**
Château La Gordonne, Les Marronniers 2003, Dom. Listel - 18,30$ **119**
Château La Lieue 2006, Jean-Louis Vial - 12,55$ **103**
Château La Tour de l'Évêque 2003, Régine Sumeire - 17,95$ **117**
Château La Tour de L'Évêque 2006, Régine Sumeire - 17,95$ **75**
Château Laulerie 2004, Dubard Frère et Soeur - 16,90$ **72**
Château Montauriol, Mons Aureolus 2006, Nicolas Gelis - 18,85$ **120**
Château Nénine 2003, SCEA des Coteaux de Nénine - 17,80$ **116**
Château Puech-Haut Tête de Bélier 2003 - 35,50$ **134**
Château Reysson 2004 - 22,35$ **128**
Château Segonzac, Vieilles vignes 2004 - 23,30$ **129**
Château Thieuley 2006, Sté Vignobles F. Courselle - 17,40$ **74**
Château Thieuley Réserve 2001, Sté Vignobles F. Courselle - 27,70$ **132**
Château Vannières 2004 - 37$ **135**
Château Villerambert Julien 2006, Michel Julien - 15,20$ **96**
Cidre de glace "réserve privée" 2004, Leduc-Piedimonte - 52$/375ml **180**
Cidre de glace 2005, 8%, Domaine Leduc-Piedimonte D   24$/375ml **177**
Cidre de glace 2006, 12%, Domaine Pinnacle - 24,45$/375ml **177**
Cidre de glace pétillant, 12%, Domaine Pinnacle - 29,35$/375ml **178**
Clos de los Siete 2005, Vins & Vignobles Dourthe - 23,85$ **131**
Col de l'Orb 2006, Caves de Roquebrun - 13,40$ **93**
Colle del re 2006, Umberto Cesari - 14,95$ **50**
Compostelle 2004, Château Mas Neuf - 21,40$ **126**
Coroa d'Ouro 2000, Manoel D. Pocas Junior Vinhos - 13,55$ **106**
Côté Tariquet 2006, P. Grassa Fille & Fils - 17,10$ **73**
Côtes-du-Rhône-Villages 2006, Domaine Louis Bernard - 14,95$ **109**
Crémant de glace, 7%, Verger du Minot - 22,50$/375 ml **176**
Crémant de pomme du Minot rosé, 2,5%, Verger du Minot – 10,60$ **173**
Crémant de pomme, 2,5%, Cidrerie du Minot - 9,20$ **172**
Crème de Pommes au cidre de glace, 15%, Dom. Pinnacle - 28,65$ **181**
Crianza 2004, Casa de la Ermita - 18$ **117**
Cuvée Brut, Carpenè Malvolti - 17,10$ **87**
Cuvée du Commandeur 2003, Vieux Château d'Astros - 17$ **52**
Cuvée JM, Monmousseau - 16,65$ **87**
Cuvée Marie 2004, Charles Hours - 22,25$ **78**
Dom. Bellevue 2005, Patrick Vauvy - 13,35$ **65**

Dom. Cantarelles 2005, La Compagnie Rhodanienne - 10,80$ **101**
Dom. Cazes 2004, André et Bernard Cazes - 22,95$ **144**
Dom. d'Arain, Frontignan - 9,15$/500ml **51**
Dom. de Thalabert 2004, Paul Jaboulet Ainé - 33$ **134**
Dom. du Château de Riquewihr "Les sorcières" 2004, Dopff et Irion - 25,25$ **81**
Dom. du Château de Riquewihr Vorbourg 2002, Dopff et Irion - 29,45$ **83**
Dom. du Grand Saint-André 2005, Vignerons de St-Gilles - 13,60$ **94**
Dom. du Minot méthode traditionnelle, 5%, Du Minot - 13,05$ **173**
Dom. du Tariquet, Ugni blanc-Colombard 2006, P. Grassa - 11,10$ **64**
Dom. La Moussière 2006, Alphonse Mellot - 25,10$ **80**
Dom. Lafrance, 11%, Les Vergers Lafrance - 44,50$/375ml **179**
Dom. Ludovic de Beauséjour, Cuvée Tradition 2005 - 17,80$ **116**
Dom. Saint-André de Figuière, Grande cuvée 2004, Combard - 24,80$ **132**
Dom. Sergent 2003, Dousseau - 29,60$ **47**
Don de Dieu, 9%, Unibroue - 5,49$/750ml **155**
Du Minot des Glaces, 9%, Verger du Minot - 22,50$/375ml **176**
Duque de Medina 2006, Bodegas Ignacio Marin - 9,85$ **99**
Duvel, 8,1%, Brasserie de Moortgat - 3,10$/330ml **155**
Édition Spéciale Vins de l'Échanson 2003, Cabrel et Cosse - 18,40$ **119**
Ferentano 2004, Falesco - 20,40$ **51**
Fiano 2005, Cantine Settesoli - 15,75$ **48**
Fine Sève, 40%, Mondia Alliance - 23,45$/375ml **185**
Floreffe Double, 6,3%, Brasserie Lefebvre - 2,65$/330ml **163**
Floreffe Triple, 7,5%, Brasserie Lefebvre - 6,35$/750ml **156**
Frimas 2005, 12%, La Face Cachée de la Pomme - 49,25$/375ml **180**
Fullers ESB, 5,9%, Fuller's Smith and Turner - 3,85$/500ml **160**
Fullers London Porter 5,4%, Fuller's Smith and Turner - 3,85$/500ml **162**
Fullers London Pride, 4,7%, Fuller's Smith and Turner - 3,85$/500ml **161**
Fumé blanc 2006, Robert Mondavi - 26,75$ **81**
Fumé Blanc Hogue 2004, Hogue Cellars Vineyards - 15,10$ **70**
Fuzion Chenin/torrontes 2007, Familia Zuccardi - 8,20$ **62**
Gazela, Sogrape Vinhos - 9,85$ **46**
Gentil Hugel Alsace 2005, Hugel & Fils - 16,95$ **72**
Gewurztraminer Kessler 2002, Domaine Schlumberger - 37,50$ **84**
Graciano Ijalba 2004, Vina Ijalba - 19,65$ **122**
Gran Sangre de Toro 2001, Miguel Torres - 18$ **118**
Grand Ardèche 2003, Louis Latour - 18$ **48**
Grande Réserve Carte Rouge, Champagne Raoul Collet - 50$ **46**
Gros manseng/Sauvignon La Gascogne 2006, Alain Brumont - 12,30$ **65**
Hacker Pschorr, 5,5%, Hacker Pschorr Brau - 2,95$/500ml **153**
Harmonium, Nero d'Avola 2004, Casa Vinicola Firriato - 39,50$ **136**
Hecht & Bannier 2003, H & B Sélection - 23,55$ **131**
Heineken, 5%, Heineken - 2,50$/330ml **152**
Icewine Vidal 2005, Inniskillin Wines - 60$/375ml **85**
Just Merlot, Paul Sapin - 4,25$/250 ml **98**
Kostritzer, 4,8%, Kostritzer Brauerei - 3,30$/ 330ml **165**
L'Orpailleur, vin de glace 2006, Vignoble l'Orpailleur - 32,50$/200ml **85**
La Blanche, Cheval Blanc, 5%, Les Brasseurs RJ - 3$/341ml **149**
La Chapelle de Romanin 2002, Ch. Romanin - 23,80$ **131**
La Chouffe, 8%, Brasserie d'Achouffe - 6,35$/750ml **156**
La Courtade 2004, Domaine de la Courtade - 30,25$ **133**
La Maréchaude vieilles vignes 2006, Manciat-Poncet - 27,70$ **82**
La Marquise de L'Orpailleur, vin apéritif - 21,90$/500ml **143**
La Maudite, 8%, Unibroue - 5,09/750ml **161**
La Portée, 5%, Verger Henryville - 8,75$ **172**
La Terrasse de la Garde 2005, Vins et Vignobles Dourthe - 22,35$ **128**
La Terrible, 10,5%, Unibroue - 8,95$/750ml **166**
La Trois Pistoles, 9%, Unibroue - 5,49$/750ml **164**
La Vieille Ferme 2006, La vieille ferme - 13,70$ **66**

La Vieille Ferme 2006, Perrin et Fils - 13,30$ **93**
Lacryma-christi-del-Vesuvio 2005, Feudi di San Gregorio - 19,60$ **51**
Lacryma-christi-del-Vesuvio 2005, Feudi di San Gregorio - 19,60$ **53**
Lamb's, 40%, La Compagnie Rhums Lamb's - 19,75$ **184**
L'Andeol Rasteau 2004, Perrin et Fils - 19,25$ **49**
Lanson Black label, Lanson Père et Fils - 53$ **90**
L'Apérid'Or, 16,5%, La mistelle de L'Orpailleur - 15,95$/500ml **142**
Laurus 2001, Gabriel Meffre - 28,40$ **133**
Le Bine 2005, Tamellini - 25,95$ **51**
Le Cidre St-Nicolas Brut, 8,5%, Cidrerie St-Nicolas - 10,25$ **173**
Leduc-Piedimonte 2004, 10,5%, méthode traditionnelle D - 21,75$ **174**
Leffe Blonde, 6,6%, Inbev Belgium - 1,90$/330ml **151**
Le Glacé de la colline, 10,5%, Vergers de la colline - 19,85$/375ml **175**
Le Grand Vin Okanagan 2003, Osoyoos Larose - 42$ **137**
Le Orme 2005, Michele Chiarlo - 15,70$ **110**
Le Pavillon des Courtisanes Cairanne 2003, Les Vins Colombo - 24$ **50**
L'Ensorceleuse, 15%, Les vergers de la colline - 24$/375ml **182**
Les Christins 2005, Perrin et fils - 22,80$ **129**
Les Grésigny 2004, Dom. Jean-François Protheau - 22,55$ **79**
L'Esprit de Château Capendu 2005 - 15,85$ **110**
Liefmans Frambozen, 4,5%, Liefmans - 4,35$/375ml **166**
L'Orléane, 23%, Mondia Alliance - 23,45$/375ml **186**
L'Orpailleur 2006, Vignoble de l'Orpailleur - 13,90$ **67**
L'Orpailleur élevé en fût de chêne 2006, Vignoble de l'Orpailleur - 15$ **70**
L'Orpailleur rosé 2006, Vignoble de l'Orpailleur - 13$ **93**
L'Orpailleur, vin de glace 2006, Vignoble de l'Orpailleur - 32,50$ **85**
Madère verdelho 15 ans, Henriques & Henriques - 70$ **145**
Maître d'Estournel 2005, Prats Frères - 13,95$ **106**
Malbec 2006, Finca Flichman - 8,50$ **98**
Malbec Reserva 2005, Nieto Senetiner - 12,75$ **103**
Malvasia-del-Lazio 2005, Fontana di Papa - 14,10$/1000ml **48**
Maredsous, 8, 8%, Brasserie Maredsous - 3$/330ml **164**
Marquès de Caceres 2006 - 14,20$ **95**
Marqués de Caceres, Gran Reserva 2000, Union Viti-Vinicola - 36$ **135**
Marquis de la Tour Brut, mousseux de Neuville -12,55$ **86**
Mas La Chevalière 2004, Laroche - 20,10$ **77**
Mas La Plana Cabernet-Sauvignon 2001, Miguel Torres - 44,75$ **138**
McEwans, 8,5%, Scottish and Newcastle - 2,35$/355ml **163**
Meia Encosta 2005, Sociedade dos Vinhos Borges - 10,25$ **99**
Merlot Bagueri 2003, Goriska wine Cellar - 20,60$ **124**
Merlot Catamayor Reserva 2005, Bodegas Castillo Viejo - 15,75$ **108**
Merlot Le Prunée 2005, Tommasi - 16,85$ **114**
Merlot Nottage Hill 2005, Thomas Hardy & Sons - 14,95$ **109**
Minaki, 18%, Mondia Alliance - 23,45$ **186**
Moinette Blonde, 8,5%, Brasserie Dupont - 6,75$/750ml **157**
Mort Subite Framboise, 4%, Brasserie de Keersmaeker - 5,35$/375ml **167**
Mumm Cordon Rouge Brut, G. H. Mumm - 60$ **91**
Mumm Cuvée Napa Brut Prestige, Mumm Napa Valley - 27,85$ **89**
Mumm Cuvée Napa Rosé, Mumm Napa Valley - 30,50$ **89**
Muscat d'Alsace réserve 2004, Caves J.B. Adam - 17,40$ **74**
Neige éternelle 2005, 10%, Face Cachée de la Pomme - 33,25$/375ml **178**
Odé d'Aydie 2004, Vignobles Laplace - 18,25$ **53**
Offley Baron de Forrester, Sogrape Vinhos - 28,60$ **144**
Ortas Prestige 2005, Caves de Rasteau - 20,75$ **124**
Orval, 6,9%, Brasserie d'Orval - 3,30$/330ml **160**
Panarroz 2006, Bodegas Olivares - 12,95$ **52**
Paulaner Hefe-Weissbier, 5,5%, Paulaner Brauerei - 2,25$/330ml **152**
Paulaner Salvator, 7,5%, Paulaner Brauerei - 2,20$/330ml **159**
Perdera 2006, Argiolas & C. - 14,65$ **108**

Pernod, 40% - 24,70$ **188**
Pétale de Rose 2006, Régine Sumeire - 16,95$ **97**
Piastraia 2003, Michele Satta - 39,75$ **137**
Pigmentum malbec 2004, Georges Vigouroux - 14,25$ **52**
Pilsner Urquell, 4,4%, Pilsner Urquell - 2,50$/500ml **153**
Pineau des Charentes, Marnier-Lapostolle - 18,40$ **142**
Pinot blanc Auxerrois 2004, Domaine Zeyssolff G. - 16,25$ **71**
Pinot gris 2006, Pfaffenheim - 15,60$ **71**
Pinot nero 2002, Tenuta Mazzolino - 36,25$ **54**
Pinot noir 2005, Blackstone Winery - 19,90$ **45**
Pinot noir Private selection 2006, Robert Mondavi - 19,95$ **123**
Pinot noir vieilles vignes 2005, Albert Bichot - 15,85$ **111**
Pinot noir Village Reserve 2004, Le Clos Jordanne - 24,30$ **54**
Protocolo 2005, Dominio de Eguren - 12,35$ **51**
Punique 2004, Domaine Atlas - 13,25$ **105**
Quelque Chose, 8%, Unibroue - 8,95$/500ml **167**
Ricard, Pastis de Marseille, 45% - 24,90$ **188**
Riparosso Illuminati 2005, Dino Illuminati - 13,95$ **52**
Rivesaltes ambré, Louis Roche, Les Vignobles du Rivesaltais - 19,80$ **143**
Rosato Carpineto Colli della Toscana 2006, Carpineto - 15,40$ **96**
Sangiovese Farnese Farneto Valley 2006, Farnese Vini - 8,95$ **96**
Sauvignon blanc, Les Jamelles 2006, Badet Clément et Cie - 10,15$ **63**
Sénga Shiraz 2004, Man Vintners - 17,35$ **114**
Shiraz 2005, Luis Felipe Edwards - 12,85$ **104**
Shiraz Kumala 2006, Western Cape - 10,95$ **101**
Shiraz Onyx 2003, Darling Cellars - 23,15$ **53**
Signature Réserve Spéciale 2005, 10,5%, Domaine Pinnacle - 34,50$ **179**
Smithwick's, 5%, Dundalk (Diaego) - 1,67$/500ml **158**
Sortilège, 30%, Mondia Alliance - 23,45$/375ml **186**
Stella Artois, 5,2%, Inbev Belgium - 1,88$/330ml **151**
Syrah 2002, Evangelos Tsantalis - 16,75$ **45**
Syrah Avantis 2004, Mountrihas Estate - 23,15$ **54**
Syrah EXP Toasted Head 2005, R. H. Phillips Winery - 19,80$ **122**
Syrah Foley Rancho Santa Rosa Santa Rita Hills 2003, Kobrand - 43$ **54**
Syrah/Nero d'Avola 2004, Globe Trotter - 14,75$/1L **52**
Tannat Don Pascual Reserve 2006, Establecimiento Juanico - 12,50$ **102**
The Glenlivet 12 ans, 40%, Georges & J.G. Smith - 42$ **189**
Torus 2004, Alain Brumont - 16,05$ **112**
Tribal western cape rosé 2006, African Terroir -11,45$ **92**
U & I, 9%, Alcomalt Ltd. - 11,99$ **184**
Vale da Judia 2005, Santo Isidro de Pegoes - 10,60$ **63**
VF "Lasira" 2006, La Vieille Ferme - 12,85$ **104**
Vieille Provision Saison Dupont, 6,5%, Brass. Dupont - 5,45$/750ml **154**
Vieux Calvados Roger Groult 8 ans, 40%, Hurvanière - 69$/700 ml **190**
Vigorello 2001, San Felice - 51$ **138**
Villa Cerna 2005, Luigi Cecchi & Figli - 17,45$ **115**
Vina Esmeralda Moscatel/gewürztraminer 2005, M. Torres - 14,90$ **68**
Vinha do Monte 2005, Sogrape Vinhos - 12,85$ **105**
Vinha Verde 2006, Quinta do Minho - 10,25$ **63**
Viognier 2006, Château de Gourgazaud - 14,85$ **67**
Warre's Otima, Symington Family Estates Vinhos - 39,50$/500ml **67**
Wehlener Sonnenuhr Prüm Riesling 2005, M. Stiftskellerei - 28,05$ **82**
Wiser's de Luxe, 40%, La Distillerie J.P. Wiser - 24,45$ **187**
XO Bière au Cognac, 8%, Maison Lafragette - 4,80$/330ml **167**
Zilliken Butterfly 2005, Zilliken - 17$ **50**
Zinfandel 2004, Clos du Val - 20,85$ **125**
Zinfandel Ravenswood Vintners Blend 2005, Icon Estates - 19,95$ **123**

INDEX PAR PAYS

INDEX PAR PAYS

Les produits sont classés par pays, par région, par catégorie (blanc, blanc doux, mousseux et champagne, rosé, rouge, vin fortifié, bière, cidre, spiritueux et apéritif) et par ordre croissant de prix.

• AFRIQUE DU SUD

VIN BLANC

Arniston Bay, chenin blanc-chardonnay 2007, Omnia Wines - 13,50$ **66**

VIN ROSÉ

Tribal western cape rosé 2006, African Terroir -11,45$ **92**

VINS ROUGES

Shiraz Kumala 2006, Western Cape - 10,95$ **101**
Cabernet-sauvignon/merlot Two Oceans 2006, Bergkelder - 11,95$ **101**
Sénga Shiraz 2004, Man Vintners - 17,35$ **114**
Shiraz Onyx 2003, Darling Cellars - 23,15$ **53**
Cabernet/merlot Caapmans 2000, Durbanville Hills Winery - 35,75$ **47**

• ALLEMAGNE

VINS BLANCS

Zilliken Butterfly 2005, Zilliken - 17$ **50**
Wehlener Sonnenuhr Prüm Riesling 2005, M. Stiftskellerei - 28,05$ **82**

BIÈRES BLONDES

Beck's, 4,8%, Inbev Germany - 1,88$/330ml **150**
Paulaner Hefe-Weissbier, 5,5%, Paulaner Brauerei - 2,25$/330ml **152**
Hacker Pschorr, 5,5%, Hacker Pschorr Brau - 2,95$/500ml **153**

BIÈRES ROUSSES

Paulaner Salvator, 7,5%, Paulaner Brauerei - 2,20$/330ml **159**
Aventinus, 8%, Schneider Brauerei - 3,30$/500ml **159**

BIÈRE NOIRE

Kostritzer, 4,8%, Kostritzer Brauerei - 3,30$/ 330ml **165**

• ARGENTINE

VIN BLANC

Fuzion Chenin/torrontes 2007, Familia Zuccardi - 8,20$ **62**

VINS ROUGES

Malbec 2006, Finca Flichman - 8,50$ **98**
Malbec Reserva 2005, Nieto Senetiner - 12,75$ **103**
Cabernet-sauvignon 2006, Globe Trotter - 13,25$/1L **52**
Cabernet-sauvignon Medalla 2004, Trapiche - 21,50$ **53**
Clos de los Siete 2005, Vins & Vignobles Dourthe - 23,85$ **131**

• AUSTRALIE

VIN BLANC

Chardonnay Bankside Hardys 2005, Thomas Hardy & Sons - 19$ **76**

VINS ROUGES

Cabernet/shiraz Nottage Hill 2005, Thomas Hardy & Sons - 14,95$ **108**
Merlot Nottage Hill 2005, Thomas Hardy & Sons - 14,95$ **109**

• BELGIQUE

BIÈRE BLANCHE

Blanche d'Hoegaarden, 4,9%, Inbev Belgium - 1,90$/330ml **148**

BIÈRES BLONDES

Stella Artois, 5,2%, Inbev Belgium - 1,88$/330ml **151**
Leffe Blonde, 6,6%, Inbev Belgium - 1,90$/330ml **151**
Vieille Provision Saison Dupont, 6,5%, Brass. Dupont - 5,45$/750ml **154**

BIÈRES BLONDES FORTES

Duvel, 8,1%, Brasserie de Moortgat - 3,10$/330ml **155**
Floreffe Triple, 7,5%, Brasserie Lefebvre - 6,35$/750ml **156**
La Chouffe, 8%, Brasserie d'Achouffe - 6,35$/750ml **156**
Moinette Blonde, 8,5%, Brasserie Dupont - 6,75$/750ml **157**

BIÈRE ROUSSE

Orval, 6,9%, Brasserie d'Orval - 3,30$/330ml **160**

BIÈRES BRUNES FORTES

Floreffe Double, 6,3%, Brasserie Lefebvre - 2,65$/330ml **163**
Maredsous, 8, 8%, Brasserie Maredsous - 3$/330ml **164**

BIÈRES AROMATISÉES

Liefmans Frambozen, 4,5%, Liefmans - 4,35$/375ml **166**
Mort Subite Framboise, 4%, Brasserie de Keersmaeker - 5,35$/375ml **167**

• BULGARIE

VIN ROUGE

Cabernet-sauvignon/merlot Telish 2005, Bouquet Telish - 10,30$ **100**

• CANADA

COLOMBIE-BRITANIQUE

VIN ROUGE

Le Grand Vin Okanagan 2003, Osoyoos Larose - 42$ **137**

ONTARIO

VIN BLANC DOUX

Icewine Vidal 2005, Inniskillin Wines - 60$/375ml **85**

VIN ROUGE

Pinot noir Village Reserve 2004, Le Clos Jordanne - 24,30$ **54**

SPIRITUEUX

Lamb's, 40%, La Compagnie Rhums Lamb's - 19,75$ **184**

INDEX PAR PAYS

QUÉBEC

VINS BLANCS

L'Orpailleur 2006, Vignoble de l'Orpailleur - 13,90$ **67**
L'Orpailleur élevé en fût de chêne 2006, Vignoble de l'Orpailleur - 15$ **70**

VIN BLANC DOUX

L'Orpailleur, vin de glace 2006, Vignoble de l'Orpailleur - 32,50$/200ml **85**

VINS ROSÉS

L'Orpailleur rosé 2006, Vignoble de l'Orpailleur - 13$ **93**
Champs de Florence 2006, Domaine du Ridge -14,45$ **95**

VINS FORTIFIÉS

L'Apérid'Or, 16,5%, La mistelle de L'Orpailleur - 15,95$/500ml **142**
La Marquise de L'Orpailleur, vin apéritif +734780 - 21,90$/500ml **143**

BIÈRES BLANCHES

Boréale Blanche, 4,2%, Les Brasseurs du Nord - 1,42$/341ml **148**
Blanche de Chambly, 5%, Unibroue - 4,69$/750ml **149**
La Blanche, Cheval Blanc, 5%, Les Brasseurs RJ - 3$/341ml **149**

BIÈRE BLONDE

Boréale Blonde, 4,5%, Les Brasseurs du Nord - 1,42$/341ml **150**

BIÈRE BLONDE FORTE

Don de Dieu, 9%, Unibroue - 5,49$/750ml **155**

BIÈRES ROUSSES

Boréale Cuivrée, 6,9%, Les Brasseurs du Nord - 1,42$/341ml **158**
Boréale Rousse, 5%, Les Brasseurs du Nord - 1,42$/341ml **158**
La Maudite, 8%, Unibroue - 5,09/750ml **161**

BIÈRE BRUNE FORTE

La Trois Pistoles, 9%, Unibroue - 5,49$/750ml **164**

BIÈRE NOIRE

Boréale Noire, 5%, Les Brasseurs du Nord - 1,42$/341ml **165**

BIÈRE NOIRE FORTE

La Terrible, 10,5%, Unibroue - 8,95$/750ml **166**

BIÈRE AROMATISÉE

Quelque Chose, 8%, Unibroue - 8,95$/500ml **167**

CIDRES MOUSSEUX

La Portée, 5%, Verger Henryville - 8,75$ **172**
Crémant de pomme, 2,5%, Cidrerie du Minot - 9,20$ **172**
Le Cidre St-Nicolas Brut, 8,5%, Cidrerie St-Nicolas - 10,25$ **173**
Crémant de pomme du Minot rosé, 2,5%, Verger du Minot – 10,60$ **173**
Domaine du Minot méthode traditionnelle, 5%, Du Minot - 13,05$ **173**
Leduc-Piedmonte 2004, 10,5%, méthode traditionnelle D - 21,75$ **174**

CIDRES DE GLACE

Bonhomme Hiver, 12,5%,Verger Clément Larivière - 19,50$ **174**
Le glacé de la colline, 10,5%, Vergers de la colline - 19,85$/375ml **175**
Bouquet sur glace, 10%, Les Vergers Lafrance D - 20$/200ml **175**
Crémant de glace, 7%, Verger du Minot - 22,50$/375 ml **176**

200

Du Minot des Glaces, 9%, Verger du Minot - 22,50$/375ml **176**
Cidre de glace 2005, 8%, Domaine Leduc-Piedimonte D - 24$/375ml **177**
Cidre de glace 2006, 12%, Domaine Pinnacle - 24,45$/375ml **177**
Cidre de glace pétillant, 12%, Domaine Pinnacle - 29,35$/375ml **178**
Neige éternelle 2005, 10%, Face Cachée de la Pomme - 33,25$/375ml **178**
Signature Réserve Spéciale 2005, 10,5%, Domaine Pinnacle - 34,50$ **179**
Domaine Lafrance, 11%, Les Vergers Lafrance - 44,50$/375ml **179**
Frimas 2005, 12%, La Face Cachée de la Pomme - 49,25$/375ml **180**
Cidre de glace "réserve privée" 2004, Leduc-Piedimonte - 52$/375ml **180**

CRÈME AU CIDRE DE GLACE

Crème de pommes au cidre de glace, 15%, Dom. Pinnacle - 28,65$ **181**

MISTELLE DE POMMES

L'Ensorceleuse, 15%, Les vergers de la colline - 24$/375ml **182**

SPIRITUEUX

U & I, 9%, Alcomalt Ltd. - 11,99$ **184**
Fine Sève, 40%, Mondia Alliance - 23,45$/375ml **185**
L'Orléane, 23%, Mondia Alliance - 23,45$/375ml **186**
Minaki, 18%, Mondia Alliance - 23,45$ **186**
Sortilège, 30%, Mondia Alliance - 23,45$/375ml **186**
Wiser's de Luxe, 40%, La Distillerie J.P. Wiser - 24,45$ **187**

• CHILI

VINS ROUGES

Shiraz 2005, Luis Felipe Edwards - 12,85$ **104**
Carménère Araucano 2005, J. et F. Lurton - 15,35$ **48**
Carmenère Reserva Santa Rita 2005, Vina Santa Rita - 15,90$ **111**
Carmenère Reserva 2004, Baron Philippe de Rothschild - 15,95$ **49**
Carmenère Calina Reserva 2004, Vina Calina - 16,25$ **49**
Cabernet-Sauvignon Reserve 2004, Viu Manent - 17,55$ **49**
Carmen réserve 2005, Vina Carmen - 19,15$ **120**
Cabernet Sauvignon Vieilles vignes 2004, Ch. Los Boldos - 23,45$ **130**

• ÉCOSSE

BIÈRE BRUNE FORTE

McEwans, 8,5%, Scottish and Newcastle - 2,35$/355ml **163**

SPIRITUEUX

The Glenlivet 12 ans, 40%, Georges & J.G. Smith - 42$ **189**

• ESPAGNE

VIN BLANC

Vina Esmeralda Moscatel/gewürztraminer 2005, M. Torres - 14,90$ **68**

VIN ROSÉ

Marquès de Caceres 2006 - 14,20$ **95**

VINS ROUGES

Duque de Medina 2006, Bodegas Ignacio Marin - 9,85$ **99**
Borsao 2005, Bodegas Borsao - 11,55$ **47**
Protocolo 2005, Dominio de Eguren - 12,35$ **51**
Panarroz 2006, Bodegas Olivares - 12,95$ **52**

INDEX PAR PAYS

Crianza 2004, Casa de la Ermita - 18$ **117**
Gran Sangre de Toro 2001, Miguel Torres - 18$ **118**
Graciano Ijalba 2004, Vina Ijalba - 19,65$ **122**
Marqués de Caceres, Gran Reserva 2000, Union Viti-Vinicola - 36$ **135**
Mas La Plana Cabernet-Sauvignon 2001, Miguel Torres - 44,75$ **138**

VIN FORTIFIÉ

Alegria, Williams & Humbert - 13,40$ **141**

• ÉTATS-UNIS

VINS BLANCS

Chardonnay Woodbridge par Robert Mondavi 2006 - 14,95$ **69**
Fumé Blanc Hogue 2004, Hogue Cellars Vineyards - 15,10$ **70**
Fumé blanc 2006, Robert Mondavi - 26,75$ **81**

VINS MOUSSEUX

Mumm Cuvée Napa Brut Prestige, Mumm Napa Valley - 27,85$ **89**
Mumm Cuvée Napa Rosé, Mumm Napa Valley - 30,50$ **89**

VINS ROUGES

Syrah EXP Toasted Head 2005, R. H. Phillips Winery - 19,80$ **122**
Pinot noir 2005, Blackstone Winery - 19,90$ **45**
Pinot noir Private selection 2006, Robert Mondavi - 19,95$ **123**
Zinfandel Ravenswood Vintners Blend 2005, Icon Estates - 19,95$ **123**
Zinfandel 2004, Clos du Val - 20,85$ **125**
Cabernet Sauvignon 2002, Robert Mondavi - 39,50$ **136**
Syrah Foley Rancho Santa Rosa Santa Rita Hills 2003, Kobrand - 43$ **54**

• FRANCE

ALSACE

VINS BLANCS

Pinot gris 2006, Pfaffenheim - 15,60$ **71**
Pinot blanc Auxerrois 2004, Domaine Zeyssolff G. - 16,25$ **71**
Andante 2005, Cave de Ribauvillé - 16,65$ **72**
Gentil Hugel Alsace 2005, Hugel & Fils - 16,95$ **72**
Muscat d'Alsace réserve 2004, Caves J.B. Adam - 17,40$ **74**
Dom. du Ch. de Riquewihr "Les sorcières" 2004, Dopff et Irion - 25,25$ **81**
Domaine du Ch. de Riquewihr Vorbourg 2002, Dopff et Irion - 29,45$ **83**
Gewurztraminer Kessler 2002, Domaine Schlumberger - 37,50$ **84**

VIN MOUSSEUX

Calixte Brut rosé, Cave Vinicole de Hunawihr -21,25$ **88**

BORDEAUX

VINS BLANCS

Château Thieuley 2006, Sté des Vignobles Francis Courselle - 17,40$ **74**
Château Haut Selve 2004, Château de Branda - 23,25$ **51**

VINS ROUGES

Maître d'Estournel 2005, Prats Frères - 13,95$ **106**
Château Couronneau 2005 - 16,20$ **112**
Château La Gasparde 2002, Jean-Pierre Janoueix - 16,80$ **113**
Château Nénine 2003, SCEA des Coteaux de Nénine - 17,80$ **116**
Château de Parenchère 2005 -19,65$ **121**

Château Duplessis 2003, Marie Laure Lurton - 20,40$ **45**
Château de Francs 2004, Hébrard & de Bouard - 21,85$ **127**
Château Reysson 2004, - 22,35$ **128**
La Terrasse de la Garde 2005, Vins et Vignobles Dourthe - 22,35$ **128**
Château Segonzac, Vieilles vignes 2004 - 23,30$ **129**
Château de Sarpe 2004, Janoueix - 23,55$ **130**
Château Thieuley Rés. 2001, Sté des Vignobles F. Courselle - 27,70$ **132**
Château de Rouillac 2003, Lafragette de Loudenne - 34,25$ **54**
Château Belgrave 2001, Vins et vignobles Dourthe - 49,75$ **45**

BOURGOGNE

VINS BLANCS

Blason de Bourgogne 2005, Vignerons des grandes vignes - 14,95$ **68**
Chardonnay Blason de Bourgogne 2005, Vign. Grandes Vignes - 14,95$ **68**
Bourgogne-aligoté 2002, Taupenot Merme - 17,85$ **75**
Chardonnay Réserve 2005, Pierre André - 18$ **50**
Chablis Champs Royaux 2006, William Fèvre - 22,30$ **78**
Les Grésigny 2004, Dom. Jean-François Protheau - 22,55$ **79**
Château de Maligny, Vigne de la Reine 2006, Durup Père & Fils - 24$ **79**
La Maréchaude vieilles vignes 2006, Manciat-Poncet - 27,70$ **82**

VINS ROUGES

Beaujolais Grand Pavois 2005, Françoise Chauvenet - 14,45$ **107**
Pinot noir vieilles vignes 2005, Albert Bichot - 15,85$ **111**
Château de Pizay, Régnié 2006, Domaine Château de Pizay - 16,35$ **113**
Château des Ravatys 2006 - 21,75$ **127**
Chambolle Musigny 2001, Taupenot- Merme - 57$ **139**

CHAMPAGNE

Grande Réserve Carte Rouge, Champagne Raoul Collet - 50$ **46**
Lanson Black label, Lanson Père et Fils - 53$ **90**
Champagne Pol Roger Brut - 58$ **90**
Mumm Cordon Rouge Brut, G. H. Mumm - 60$ **91**
Champagne, Grand Vintage 2000, Moët & Chandon - 86$ **91**

COGNAC

VIN FORTIFIÉ

Pineau des Charentes, Marnier-Lapostolle - 18,40$ **142**

JURA

VIN BLANC

Chardonnay Les Graviers 2001, Tissot - 32,75$ **83**

NORMANDIE

SPIRITUEUX
Vieux Calvados Roger Groult 8 ans, 40%, Clos de la Hurvanière - 69$ **190**

PROVENCE

VIN BLANC

Château La Tour de L'Évêque 2006, Régine Sumeire - 17,95$ **75**

VINS ROSÉS

Bouquet de Provence Billette, La Gordonne - 11,65$ **92**
Pétale de Rose 2006, Régine Sumeire - 16,95$ **97**

INDEX PAR PAYS

VINS ROUGES

Château La Lieue 2006, Jean-Louis Vial - 12,55$ **103**
Cuvée du Commandeur 2003, Vieux Château d'Astros - 17$ **52**
Domaine Ludovic de Beauséjour, Cuvée Tradition 2005 - 17,80$ **116**
Château La Tour de l'Évêque 2003, Régine Sumeire - 17,95$ **117**
Château La Gordonne, Les Marronniers 2003, Domaines Listel - 18,30$ **119**
La Chapelle de Romanin 2002, Ch. Romanin - 23,80$ **131**
Domaine St-André de Figuière, Grande cuvée 2004, Combard - 24,80$ **132**
La Courtade 2004, Domaine de la Courtade - 30,25$ **133**
Château Vannières 2004 - 37$ **135**

SPIRITUEUX

Ricard, Pastis de Marseille, 45%, - 24,90$ **188**

SUD-OUEST

VINS BLANCS

Sauvignon blanc, Les Jamelles 2006, Badet Clément et Cie - 10,15$ **63**
Dom. Du Tariquet, Ugni blanc-Colombard 2006, Grassa - 11,10$ **64**
Gros manseng/Sauvignon La Gascogne 2006, Alain Brumont - 12,30$ **65**
Viognier 2006, Château de Gourgazaud - 14,85$ **67**
Château Laulerie 2004, Dubard Frère et Soeur - 16,90$ **72**
Côté Tariquet 2006, P. Grassa Fille & Fils - 17,10$ **73**
Mas La Chevalière 2004, Laroche - 20,10$ **77**
Cuvée Marie 2004, Charles Hours - 22,25$ **78**

VIN BLANC DOUX

Domaine d'Arain, Frontignan - 9,15$/500ml **51**

VINS ROSÉS

Col de l'Orb 2006, Caves de Roquebrun - 13,40$ **93**
Château Villerambert Julien 2006, Michel Julien - 15,20$ **96**

VINS ROUGES

Just Merlot, Paul Sapin - 4,25$/250 ml **98**
Domaine Cantarelles 2005, La Compagnie Rhodanienne - 10,80$ **101**
Arnaud de Berre 2005, Château de Lastours - 12,10$ **102**
Pigmentum malbec 2004, Georges Vigouroux - 14,25$ **52**
L'Esprit de Château Capendu 2005 - 15,85$ **110**
Torus 2004, Alain Brumont - 16,05$ **112**
Château Grand Chêne 2004, Les Vignerons du Brulhois - 16,80$ **113**
Château de Gourgazaud Réserve 2004 - 18,25$ **118**
Odé d'Aydie 2004, Vignobles Laplace - 18,25$ **53**
Éd. Spéciale Vins de l'Échanson 2003, Sél. Cabrel et Cosse - 18,40$ **119**
Château Montauriol, Mons Aureolus 2006, Nicolas Gelis - 18,85$ **120**
Château de Sérame 2003, Vins et Vignobles Dourthe - 19,50$ **121**
Antic, Vins de l'Échanson 2003, Sélection F. Cabrel et M. Cosse - 21$ **125**
Hecht & Bannier 2003, H & B Sélection - 23,55$ **131**
Domaine Sergent 2003, Dousseau - 29,60$ **47**
Château Puech-Haut Tête de Bélier 2003, - 35,50$ **134**

VINS FORTIFIÉS

Rivesaltes ambré, Louis Roche, Les Vignobles du Rivesaltais - 19,80$ **143**
Domaine Cazes 2004, André et Bernard Cazes - 22,95$ **144**

VAL DE LOIRE

VINS BLANCS

Domaine Bellevue 2005, Patrick Vauvy - 13,35$ **65**
Domaine La Moussière 2006, Alphonse Mellot - 25,10$ **80**

VIN MOUSSEUX

Cuvée JM, Monmousseau - 16,65$ **87**

VALLÉE DU RHÔNE

VINS BLANCS

La Vieille Ferme 2006, La vieille ferme - 13,70$ **66**
Grand Ardèche 2003, Louis Latour - 18$ **48**

VINS ROSÉS

La Vieille Ferme 2006, Perrin et Fils - 13,30$ **93**
Domaine du Grand Saint-André 2005, Vignerons de St-Gilles - 13,60$ **94**

VINS ROUGES

VF "Lasira" 2006, La Vieille Ferme - 12,85$ **104**
Château de Nages Réserve 2005, R. Gassier - 14,50$ **107**
Côtes-du-Rhône-Villages 2006, Domaine Louis Bernard - 14,95$ **109**
Château Beaubois Élégance 2005 - 17,50$ **53**
L'Andeol Rasteau 2004, Perrin et Fils +10678149 - 19,25$ **49**
Ortas Prestige 2005, Caves de Rasteau - 20,75$ **124**
Antique Sénimaros Cairanne 2001, Cave de Cairanne - 21,40$ **126**
Compostelle 2004, Château Mas Neuf - 21,40$ **126**
Les Christins 2005, Perrin et fils +872937 - 22,80$ **129**
Le Pavillon des Courtisanes Cairanne 2003, Vins J.-L. Colombo - 24$ **50**
Laurus 2001, Gabriel Meffre - 28,40$ **133**
Domaine de Thalabert 2004, Paul Jaboulet Ainé - 33$ **134**

DIVERS

VIN MOUSSEUX

Marquis de la Tour Brut, mousseux de Neuville -12,55$ **86**

BIÈRE AROMATISÉE

XO Bière au Cognac, 8%, Maison Lafragette - 4,80$/330ml **167**

SPIRITUEUX

Pernod, 40%, +006049 - 24,70$ **188**
Belle de Brillet, 30%, J.R. Brillet - 42,25$ **189**

• GRÈCE

VINS ROUGES

Syrah 2002, Evangelos Tsantalis - 16,75$ **45**
Syrah Avantis 2004, Mountrihas Estate - 23,15$ **54**

• HOLLANDE

BIÈRE BLONDE

Heineken, 5%, Heineken - 2,50$/330ml **152**

• IRLANDE

BIÈRE ROUSSE

Smithwick's, 5%, Dundalk (Diaego) - 1,67$/500ml **158**

· ITALIE

VINS BLANCS

Chardonnay 2005, Farnese Vini - 8,95$ **46**
Chardonnay Farnese 2006, Farnese Vini - 9,95$ **62**
Chardonnay 2005, Cantine Settesoli - 12,95$ **46**
Anfora 2006, Fontana Di Papa - 13,95$/1L **50**
Malvasia-del-Lazio 2005, Fontana di Papa - 14,10$/1000ml **48**
Chardonnay Albizzia 2006, Marchesi de Frescobaldi - 14,95$ **69**
Colle del re 2006, Umberto Cesari - 14,95$ **50**
Fiano 2005, Cantine Settesoli - 15,75$ **48**
Castello di Pomino 2006, Frescobaldi - 18,90$ **75**
Lacryma-christi-del-Vesuvio 2005, Feudi di San Gregorio - 19,60$ **51**
Ferentano 2004, Falesco - 20,40$ **51**
Le Bine 2005, Tamellini - 25,95$ **51**

VINS MOUSSEUX

Cuvée Brut, Carpenè Malvolti - 17,10$ **87**
Bortolomiol 2004 - 20,30$ **88**

VIN ROSÉ

Rosato Carpineto Colli della Toscana 2006, Casa vinicola Carpineto - 15,40$ **96**

VINS ROUGES

Sangiovese Farnese Farneto Valley 2006, Farnese Vini - 8,95$ **51**
Riparosso Illuminati 2005, Dino Illuminati - 13,95$ **52**
Perdera 2006, Argiolas & C. - 14,65$ **108**
Syrah/Nero d'Avola 2004, Globe Trotter - 14,75$/1L **52**
Le Orme 2005, Michele Chiarlo - 15,70$ **110**
Merlot Le Prunée 2005, Tommasi - 16,85$ **114**
Villa Cerna 2005, Casa Vinicola Luigi Cecchi & Figli - 17,45$ **115**
Burchino 2003, Castellani - 17,95$ **117**
Lacryma-christi-del-Vesuvio 2005, Feudi di San Gregorio - 19,60$ **53**
Pinot nero 2002, Tenuta Mazzolino - 36,25$ **54**
Harmonium, Nero d'Avola 2004, Casa Vinicola Firriato - 39,50$ **136**
Piastraia 2003, Michele Satta - 39,75$ **137**
Vigorello 2001, San Felice - 51$ **138**

SPIRITUEUX

Campari Bitter, 25%, Davide Campari - 24,20$ **187**

· NOUVELLE-ZÉLANDE

VINS BLANCS

Chardonnay Marlborough 2004, Stoneleigh wineyards - 17,05$ **73**
Chardonnay Marlborough 2005, Cloudy Bay Vineyards - 34,50$ **83**

· PAYS-BAS

BIÈRE BLONDE

Brahma, 4,8%, Inbev - 1,77$/355ml **150**

· PORTUGAL

VINS BLANCS

Gazela, Sogrape Vinhos - 9,85$ **46**

Vinha Verde 2006, Quinta do Minho - 10,25$ **63**
Vale da Judia 2005, Santo Isidro de Pegoes - 10,60$ **63**

VINS ROUGES

Meia Encosta 2005, Sociedade dos Vinhos Borges - 10,25$ **99**
Casaleiro reserva 2003, Caves Dom Teodosio - 10,75$ **100**
Vinha do Monte 2005, Sogrape Vinhos - 12,85$ **105**
Coroa d'Ouro 2000, Manoel D. Pocas Junior Vinhos - 13,55$ **106**

VINS FORTIFIÉS

Alambre 2001, José Maria da Fonseca - 15,75$ **141**
Offley Baron de Forrester, Sogrape Vinhos - 28,60$ **144**
Warre's Otima, Symington Family Estates Vinhos - 39,50$/500ml **144**
Madère verdelho 15 ans, Henriques & Henriques - 70$ **145**

• RÉPUBLIQUE TCHÈQUE

BIÈRE BLONDE

Pilsner Urquell, 4,4%, Pilsner Urquell - 2,50$/500ml **153**

• ROYAUME-UNI

BIÈRE BLONDE

Boddingtons, 4,8%, Inbev UK - 2,20$/440ml **152**

BIÈRES ROUSSES

Bass, 5%, Inbev UK - 1,90$/355ml **159**
Fullers ESB, 5,9%, Fuller's Smith and Turner - 3,85$/500ml **160**
Fullers London Pride, 4,7%, Fuller's Smith and Turner - 3,85$/500ml **161**

BIÈRE BRUNE

Fullers London Porter 5,4%, Fuller's Smith and Turner - 3,85$/500ml **162**

SPIRITUEUX

Beefeater, 40%, James Burrough - 20,20$ **185**

• SLOVÉNIE

VIN BLANC

Chardonnay Bagueri 2004, Goriska BRDA wine cellar - 20,60$ **77**

VIN ROUGE

Merlot Bagueri 2003, Goriska wine Cellar - 20,60$ **124**

• TUNISIE

VIN ROUGE

Punique 2004, Domaine Atlas - 13,25$ **105**

• URUGUAY

VINS ROUGES

Tannat Don Pascual Reserve 2006, Establecimiento Juanico - 12,50$ **102**
Merlot Catamayor Reserva 2005, Bodegas Castillo Viejo - 15,75$ **108**

INDEX PAR CODE SAQ

+00000570 - **185**	+00424291 - **108**	+00717579 - **173**
+00005009 - **184**	+00425496 - **97**	+00720177 - **139**
+00006049 - **188**	+00427021 - **123**	+00722454 - **133**
+00006114 - **107**	+00427617 - **107**	+00726984 - **126**
+00008912 - **163**	+00433144 - **89**	+00733386 - **173**
+00015693 - **188**	+00435487 - **185**	+00733782 - **176**
+00018234 - **128**	+00440123 - **117**	+00734269 - **177**
+00021097 - **189**	+00456244 - **71**	+00734533 - **142**
+00023465 - **92**	+00465435 - **123**	+00734780 - **143**
+00033480 - **80**	+00466656 - **112**	+00741272 - **117**
+00041889 - **90**	+00501486 - **105**	+00741702 - **95**
+00051953 - **90**	+00506295 - **102**	+00742627 - **180**
+00065086 - **75**	+00518720 - **101**	+00743252 - **106**
+00099408 - **69**	+00521518 - **64**	+00851295 - **120**
+00140418 - **86**	+00527572 - **113**	+00855189 - **135**
+00151985 - **121**	+00527838 - **167**	+00856013 - **120**
+00155903 - **142**	+00532143 - **189**	+00858373 - **138**
+00176115 - **134**	+00537852 - **186**	+00864801 - **122**
+00194431 - **155**	+00538033 - **154**	+00865535 - **135**
+00199174 - **164**	+00541235 - **69**	+00866301 - **76**
+00221887 - **81**	+00548883 - **65**	+00871921 - **88**
+00223255 - **87**	+00551085 - **85**	+00872713 - **82**
+00231597 - **156**	+00553677 - **145**	+00872937 - **129**
+00238188 - **106**	+00560763 - **79**	+00875500 - **83**
+00245316 - **172**	+00561316 - **73**	+00879197 - **137**
+00250548 - **99**	+00573519 - **115**	+00881854 - **72**
+00255513 - **136**	+00577296 - **152**	+00892992 - **125**
+00260091 - **144**	+00591289 - **87**	+00894659 - **132**
+00265678 - **89**	+00597542 - **63**	+00895854 - **116**
+00274829 - **70**	+00602888 - **167**	+00896191 - **130**
+00276436 - **78**	+00605287 - **103**	+00896530 - **71**
+00277954 - **187**	+00610162 - **100**	+00896704 - **78**
+00283440 - **108**	+00617332 - **127**	+00912469 - **67**
+00288795 - **73**	+00634568 - **153**	+00914234 - **84**
+00298505 - **66**	+00638486 - **117**	+00914325 - **126**
+00308056 - **91**	+00640177 - **116**	+00914515 - **131**
+00356105 - **110**	+00642504 - **93**	+00919092 - **134**
+00357996 - **141**	+00642827 - **63**	+00919175 - **75**
+00364133 - **186**	+00642884 - **190**	+00928184 - **118**
+00366088 - **159**	+00695387 - **166**	+00952705 - **124**
+00367284 - **72**	+00696203 - **167**	+00961805 - **144**
+00371260 - **109**	+00700484 - **113**	+00967943 - **127**
+00391458 - **109**	+00704221 - **67**	+00972604 - **75**
+00396119 - **186**	+00706218 - **110**	+00972646 - **118**

+00977124 - **74**
+00979658 - **81**
+10209596 - **83**
+10220269 - **85**
+10220445 - **175**
+10233756 - **179**
+10249125 - **45**
+10259770 - **113**
+10263189 - **96**
+10263242 - **95**
+10263728 - **93**
+10263752 - **94**
+10269177 - **119**
+10269572 - **163**
+10272131 - **83**
+10273387 - **128**
+10273441 - **133**
+10276211 - **82**
+10293169 - **137**
+10299122 - **102**
+10307954 - **45**
+10313123 - **157**
+10322388 - **161**
+10322396 - **160**
+10322409 - **162**
+10324623 - **47**
+10325925 - **99**
+10326012 - **143**
+10327592 - **130**
+10328069 - **132**
+10331217 - **46**
+10331217 - **62**
+10341247 - **178**
+10357329 - **68**
+10360261 - **122**
+10363999 - **51**
+10378373 - **79**
+10389013 - **129**
+10389208 - **74**
+10394664 - **131**
+10398905 - **160**
+10400892 - **156**
+10401140 - **159**
+10438778 - **179**

+10453601 - **91**
+10465581 - **119**
+10465611 - **125**
+10472386 - **182**
+10473611 - **178**
+10493806 - **53**
+10507091 - **77**
+10507323 - **131**
+10511120 - **92**
+10513184 - **63**
+10516924 - **121**
+10530380 - **176**
+10540570 - **52**
+10540684 - **104**
+10542671 - **136**
+10544722 - **181**
+10544757 - **114**
+10544811 - **45**
+10556897 - **47**
+10654753 - **46**
+10654956 - **88**
+10667301 - **112**
+10667351 - **46**
+10667423 - **46**
+10667423 - **68**
+10667474 - **111**
+10667503 - **72**
+10669453 - **66**
+10669787 - **52**
+10669824 - **100**
+10669832 - **98**
+10669883 - **103**
+10675036 - **47**
+10675298 - **53**
+10675407 - **53**
+10675415 - **51**
+10675491 - **48**
+10678114 - **50**
+10678149 - **49**
+10678211 - **48**
+10678368 - **53**
+10678915 - **53**
+10679336 - **114**
+10679774 - **45**

+10690404 - **65**
+10692653 - **49**
+10692696 - **49**
+10694317 - **111**
+10694325 - **49**
+10694413 - **48**
+10699126 - **52**
+10699581 - **52**
+10699664 - **98**
+10699687 - **50**
+10699687 - **48**
+10700781 - **105**
+10703771 - **124**
+10703789 - **77**
+10703800 - **54**
+10705776 - **174**
+10706509 - **51**
+10706761 - **50**
+10745487 - **54**
+10746535 - **108**
+10748098 - **50**
+10749795 - **187**
+10752687 - **51**
+10752804 - **54**
+10754172 - **54**
+10754181 - **104**
+10754199 - **62**
+10754236 - **101**
+10754412 - **52**
+10754439 - **51**
+10780354 - **50**
+10780522 - **54**
+10781568 - **52**
+10782085 - **51**
+10790780 - **96**
+10796364 - **138**
+10808839 - **141**

INDEX PAR CODE SAQ

VINS ET GASTRONOMIE SUR INTERNET

Quelques sites intéressants du point de vue vinicole ou gastronomique

Éditions Debeur
www.debeur.com
Les Éditions Debeur publient des guides de référence sur la gastronomie et les vins dont le fameux **Guide Debeur, revue gourmande annuelle,** le doyen des guides gastronomiques québécois, le guide **Le Petit Debeur des vins, bières, cidres et spiritueux** ainsi que **Les Lettres Gastronomiques**, petit journal bimensuel d'information traitant de ces sujets. On retrouvera un aperçu de ces ouvrages et beaucoup plus sur Internet.

SAQ.com :
le site Internet de la SAQ
En quelques clics, SAQ.com offre aux internautes la possibilité de trouver et de commander des vins, des bières et des spiritueux parmi des milliers de produits dont des ensembles-cadeaux et des produits des prestigieuses SAQ Signature. En plus de son service de livraison à travers le Québec, ce site transactionnel présente une foule de renseignements sur les produits offerts en promotion, ceux vendus en ligne et en succursale, les nouveaux arrivages, les services offerts et l'univers des alcools. SAQ.com diffuse également *l'Infocourriel SAQ,* un bulletin d'information distribué chaque mois à des milliers d'abonnés.

Éduc'alcool
www.educalcool.qc.ca
Éduc'alcool est un organisme indépendant et sans but lucratif qui a vu le jour en 1989. Il est voué à la promotion auprès de la population des habitudes de consommation saines et réfléchies. Il regroupe les partenaires de l'industrie des boissons alcooliques, des institutions parapu-

bliques et des membres à titre individuel.

La Maison du Gouverneur
www.maisongouverneur.com
La Maison du Gouverneur vous offre des services exceptionnels et six magnifiques salles de réunion pour l'organisation d'activités telles que des dégustations de vins et fromages, des repas gastronomiques, des réunions d'affaires et des soirées à thème.

BièreMag
www.bieremag.ca
Un outil éducatif québécois qui permet de mieux connaître ce merveilleux monde de la bière. Vous y trouverez un service de conférenciers, des listes de détaillants, de pubs et de restaurants.

Wine Spectator
www.winespectator.com/Wine/Home
Une des plus célèbres revues du monde du vin "on line". En anglais.

Amicale des Jase-Vin, Québec, Canada
http://jasevin.tripod.com/index.html
Un magazine électronique québécois sur le vin géré par l'Amicale des Jase-Vin, *"un regroupement d'amateurs de vins, sans prétention".*

Votrecellier.com
www.crusetsaveurs.com
Un site québécois sur le thème du vin et tout ce qui tourne autour.

Institut de la bière
www.institutdelabiere.com
Un site québécois très documenté, exclusivement réservé aux amateurs de bières.

GUIDE PRATIQUE

*Il n'est pas de moment plus gra-
cieux dans la vie que l'instant où
les convives assis autour de la
table bien dressée prêtent l'oreille
au chantre, tandis que l'échanson,
puisant le vin dans l'amphore,
remplit les coupes à la ronde.*

Homère

Huguette BERAUD
Journaliste gastronomique

Huguette Béraud, journaliste, s'est fait connaître en tenant des chroniques et en rédigeant des articles dans les magazines "Décoration Chez Soi", "l'Hospitalité - Hôtellerie Restauration", "Châtelaine", "La Barrique", etc. Titulaire d'un certificat en art de la table, elle a collaboré au livre "Les Arts de la Table" aux éditions La Presse (1984) et participé à des conférences sur le même sujet auprès de différentes écoles et associations au Québec. Directrice des Éditions Debeur, elle collabore activement au "Guide Debeur - la Revue gourmande annuelle des Québécois", et participe à la rédaction de l'ouvrage "Le Petit Debeur des vins, bières, cidres et spiritueux" pour la partie "Guide pratique". Huguette Béraud est également rédactrice en chef de "Les Lettres Gastronomiques", un petit journal québécois d'informations gastronomiques et vineuses publié tous les quinze jours. Huguette Béraud est aussi la rédactrice principale du guide "La route des vignobles du Québec".

Les succursales de la SAQ ont des heures d'ouverture prolongées

La quasi-totalité des succursales de la Société des alcools du Québec (SAQ) sont ouvertes le dimanche et plusieurs affichent un horaire élargi en soirée. Pour connaître les heures d'ouverture des succursales de votre région, vous pouvez :

- communiquer avec le **Service à la clientèle** de la SAQ en composant le (514) 254-2020 ou le 1-866-873-2020 ;

- consulter le site Internet de la succursale à l'adresse **www.saq.com**.

ACHAT DES VINS

Les réseaux de vente de la SAQ

Le commerce d'alcool au Québec se fait grâce à plusieurs réseaux, dont principalement celui des 414 succursales de la SAQ répertoriées en 2007. À ces magasins, s'ajoutent les 400 agences SAQ en région (des épiceries autorisées à vendre les produits les plus populaires de la SAQ dans des municipalités où la densité de population ne justifie pas l'ouverture d'une succursale), le réseau de l'alimentation et celui des titulaires de permis (hôteliers, restaurateurs et propriétaires de bars).

Les 414 succursales de la SAQ se répartissent de la façon suivante.

34 SAQ Express : de petites succursales dont certaines sont ouvertes tous les jours jusqu'à 22 heures et offrant les produits les plus en demande.

282 SAQ Classique : les succursales de quartier constituant l'épine dorsale du réseau de vente de la SAQ et proposant une gamme étendue de produits.

84 SAQ Sélection : une bannière en croissance, véritable vaisseau amiral de la société d'État, offrant une variété exceptionnelle de vins, de bières et de spiritueux.

6 SAQ Dépôt : vastes succursales permettant des économies grâce aux emballages multiples et à l'embouteillage de vin en vrac.

2 SAQ Signature : prestigieuses boutiques de produits rares destinés aux connaisseurs.

2 centres d'appels réservés aux titulaires de permis.

3 comptoirs de vente de vin en vrac situés à Montréal, à Rougemont et à Saint-Hyacinthe.

Enfin, **la succursale virtuelle SAQ.com**, le site Internet de la SAQ, qui permet de choisir, de commander et de se faire livrer presque tous les produits offerts par la SAQ, y compris certains vins et spiritueux des renommées SAQ Signature.

Température de service

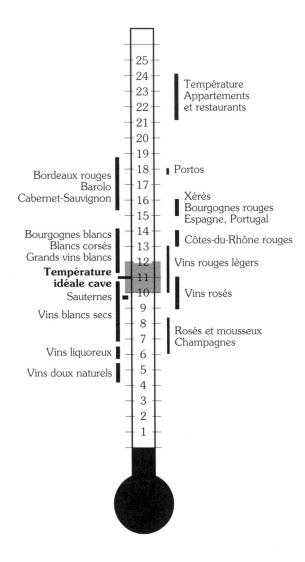

	25
	24
	23 — Température Appartements
	22 — et restaurants
	21
	20
	19
Bordeaux rouges	18 — Portos
Barolo	17
Cabernet-Sauvignon	16 — Xérès
	15 — Bourgognes rouges
	— Espagne, Portugal
Bourgognes blancs	14 — Côtes-du-Rhône rouges
Blancs corsés	13
Grands vins blancs	12 — Vins rouges légers
Température	11
idéale cave	
Sauternes	10 — Vins rosés
Vins blancs secs	9
	8
	7 — Rosés et mousseux
	Champagnes
Vins liquoreux	6
Vins doux naturels	5
	4
	3
	2
	1

LES PRINCIPES DE BASE

Pour ne pas vous priver du plaisir de l'achat d'une bonne bouteille de vin, n'achetez pas à la dernière minute. Dans la mesure du possible, évitez de le transporter le jour même de la dégustation. Un vin qui vient d'être secoué risque de vous décevoir. En achetant votre vin à l'avance, cela lui laisse le temps de se remettre de ses émotions et de se reposer dans les meilleures conditions possibles, jusqu'au jour du repas.

Conservez-le à l'abri de la lumière, dans un endroit frais. Attention, le réfrigérateur ne peut pas servir à stocker vos bouteilles. On l'utilise uniquement le temps de les rafraîchir quelques heures, tout au plus une journée avant le service. Il n'est pas recommandé non plus d'apporter le vin rouge dans la salle à manger quelques heures avant de le servir sous prétexte de le "chambrer", c'est-à-dire de l'amener à la température de la pièce. Cette méthode date d'une époque où les maisons avaient une température ambiante de 15° à 18°C. Depuis, pour notre confort, nous avons inventé le chauffage et nos thermomètres grimpent jusqu'à 23°C, ce qui est trop chaud pour le vin.

Température du vin

Chaque vin a des qualités qui lui sont propres, mais chacun atteint sa plénitude à des températures différentes. En général, les vins jeunes, légers et fruités, se servent plus frais que les vins vieux et corsés. Un vin doit rester rafraîchissant à boire. Les vins rouges moyennement corsés à corsés seront bus à 18°C, sans dépasser cette température. Au-delà, ils développent habituellement une forte présence d'alcool et d'acidité qui masquent ainsi leurs belles qualités. Les vins rouges jeunes, plutôt légers et tout en fruit, seront mis en valeur à une température variant entre 13° et 15°C. Les rouges très légers, style Beaujolais, pourront être servis un peu plus frais.

Les vins rosés et les vins blancs secs et demi-secs se prennent assez frais, de 8° à 10°C. Quant aux grands vins blancs secs (Bordeaux et Bourgogne par exemple), ils supporteront un bon 12°C, car trop froids ils perdent leur bouquet. Cependant, plus ils sont doux et liquoreux, plus ils se dégustent froids. C'est valable pour le Sauternes et le Monbazillac entre autres que l'on apprécie à 6°C environ.

L'écart brutal de température: un des pires ennemis du vin

Il faut en effet amener le vin progressivement à sa température idéale. Mettre dans un congélateur une bouteille dont le liquide avoisine 23°C est un crime qu'un dégustateur ne vous pardonnera pas... le vin non plus. Le choc thermique brise les arômes et casse l'équilibre du vin. On dit qu'on le "met à genoux". Pour lui conserver tout son caractère, il faut le refroidir ou le réchauffer en douceur, lentement, le plus naturellement du monde, sans brusquerie aucune.

Comment réchauffer un vin trop froid

Lorsqu'on doit "monter" la température d'un vin trop froid, on conseille de le laisser quelque temps dans une pièce tempérée. Il prendra rapidement quelques degrés de plus. Une autre méthode: une bouteille plongée dans un récipient d'eau tiède à 21°C prendra 6°C en huit minutes. Mais attention, ne réchauffez jamais brusquement un vin en le mettant sous l'eau très chaude, sur une source de chaleur ou au micro-ondes. Enfin, vous pouvez aussi le transvaser dans une carafe dont le verre est chaud. La première méthode suggérée est certainement la plus satisfaisante.

Comment rafraîchir un vin

On propose de l'immerger complètement dans un seau rempli moitié eau, moitié glace. En dix minutes le vin perdra 6°C. Si vous le mettez dans le **bas** du réfrigérateur, il lui faudra une heure pour perdre 6°C. Cette méthode est moins traumatisante. Accordez votre préférence à la méthode la plus lente.

Quant au vin rouge, pour lui faire perdre quelques degrés et le maintenir à la bonne température, l'utilisation d'un seau rempli d'eau bien fraîche du robinet est tout à fait recommandée.

Le débouchage

...Tout peut arriver quand on ouvre une bouteille...

Manipulez la bouteille avec douceur pour ne pas secouer le vin. Avez-vous remarqué comment un Champagne bousculé explose avec colère au débouchage ? Le vin est plus silencieux, mais il est tout aussi troublé.

Lorsque vous versez le vin, il ne doit jamais entrer en contact avec les matières composant la capsule de protection qui recouvre le bouchon et entoure l'extrémité du goulot. Si la capsule est à base de métal, le risque est grand de donner au vin un mauvais goût.

C'est pour cette raison qu'il est préférable de découper la capsule au-dessous et non au-dessus de la bague de verre affleurant le col de la bouteille.

Ôtez la partie découpée et essuyez le bord du verre avec un linge propre pour enlever toute trace de moisissure. Introduisez le tire-bouchon avec précision, en essayant de ne pas transpercer le bouchon de part en part. Tirez doucement et régulièrement. Après l'extraction du bouchon, essuyez l'intérieur du goulot si nécessaire, avec une serviette de service.

Le Champagne est, quant à lui, chatouilleux. Pour éviter ses débordements, inclinez la bouteille au moment du débouchage, les gaz sortiront sans dégâts en un chuintement suave. En cas de difficultés, recouvrez le bouchon d'une serviette humide et faites quelques mouvements de rotation.

Choisir le tire-bouchon

Un tire-bouchon ne doit être un accessoire de torture ni pour vous ni pour le vin. Il doit extraire le bouchon sans vous obliger à agiter la bouteille ni en modifier la position. Les meilleurs sont ceux qui ne requièrent ni muscles ni efforts démesurés de votre part. Préférez le tire-bouchon à levier, à vrille large et longue, non coupante. Les mieux adaptés sont le traditionnel tire-bouchon du sommelier, le "limonadier" des barmen et le "screwpull" qui tous trois prennent appui sur la bouteille. Le "screwpull" est considéré par plusieurs comme un des meilleurs tire-bouchons. Son inventeur, un Texan, s'est inspiré des techniques de forage pétrolier. Un seul geste suffit, que dis-je un doigt suffit; un enfant peut l'utiliser.

Humer le bouchon

Après avoir ouvert la bouteille, humez et palpez discrètement le bouchon. Il ne doit sentir que le vin. Une forte odeur ou une moisissure annoncent un vin bouchonné, à cause d'un bouchon défectueux ou des mauvaises conditions d'entreposage. Un bouchon sec, trop étroit, sortant facilement de la bouteille peut favoriser une oxydation. Pour éviter ces inconvénients désagréables, placez toujours vos vins à l'horizontale et n'achetez pas de bouteilles ayant séjourné longtemps debout. Le bouchon doit rester en contact constant avec le liquide pour assurer par son gonflement une fermeture hermétique. Sinon, avec le temps, il se dessèche, réduit de volume, et laisse pénétrer dans la bouteille suffisamment d'air, créant ainsi un risque d'oxydation. Un manque d'humidité dans la cave peut également faire suinter (ou couler) le vin par le col.

La décantation

La décantation consiste à transvaser le vin d'un contenant dans l'autre, soit pour l'aérer, donc pour l'oxygéner, soit pour le débarrasser des dépôts qu'il contient, soit pour effectuer ces deux opérations. En fait, il serait plus facile et plus logique d'appeler chaque manipulation d'un nom différent. La première opération serait l'oxygénation et la seconde, la décantation.

L'expertise humaine et les raffinements technologiques nous permettent de contrôler plus précisément qu'autrefois le comportement du vin. Nous savions déjà qu'il était inutile d'ouvrir à l'avance les vins blancs secs, les vins rosés, les vins rouges et fruités et les vins très vieux, puisque ceux-ci dégagent le maximum de leurs arômes et de leur bouquet dès l'ouverture de la bouteille.

Des études récentes ont démontré qu'il n'est plus nécessaire d'ouvrir une bouteille à l'avance pour laisser le vin respirer. En effet, la surface de liquide en contact avec l'air à la sortie du goulot est trop réduite pour permettre une oxygénation satisfaisante. Certains vins rouges assez durs ou corsés développent leur bouquet après une petite aération (oxygénation). Vous pouvez les oxygéner en les transvasant dans une carafe à décanter ou en les servant un peu à l'avance dans les verres. Toutefois, certains vins exigent une décantation.

Quels vins doit-on décanter ?

Un vin encore agressif par sa teneur en tanin et en acidité sera amélioré par la décantation. Celle-ci lui apportera l'oxygénation nécessaire. Elle le rendra moins mordant et plus souple. Elle lui donnera de la

rondeur et permettra aux arômes de s'exalter en s'épanouissant davantage. On décantera donc:

- **Tous les vins qui contiennent un dépôt**. Ces particules en suspension n'altèrent en rien le vin. On les trouve dans les vins qui ont quelques années et elles sont dues au vieillissement. C'est pour cela qu'il est inutile de décanter un vin jeune, sauf s'il a besoin d'être aéré (oxygéné).
- **Ceux qui ont besoin d'être oxygénés** comme certains vins jeunes et ceux qui ont des défauts (présence de gaz, goût de renfermé ou de soufre).
- **Éventuellement, certains vins blancs qui présentent des cristaux**. Sous l'action du froid, l'acide tartrique forme des cristaux qui se déposent au fond de la bouteille. Rassurez-vous, ils n'ont aucun goût et n'altèrent pas le vin.
- **Les vins que l'on désire mettre en carafe**, soit par souci d'esthétique, soit pour mieux admirer la robe d'un grand vin, ou tout simplement parce qu'il s'agit d'un petit vin qui a besoin de se rendre plus séduisant (la carafe est supposée faire oublier son manque de caractère).

La technique de décantation

Nous savons déjà que certains vins exigent une décantation, afin de mieux en savourer les arômes ou le bouquet.

L'art du décantage réclame une main sûre, "attentive" et pleine de "sollicitude". L'opération consiste à séparer le vin troublé du vin clair. On le transvase, de sa bouteille d'origine dans un autre contenant, pour le débarrasser au passage des dépôts qu'il contient. Le secret de la réussite réside dans l'art de suspendre son geste avant la pente fatidique qui précipiterait la lie (dépôt) dans le vin éclairci. Pour les vins vieux, on l'effectue à la dernière minute afin de ne pas courir le risque de perdre leurs caractères olfactifs si fragiles. Il faut donc faire preuve de vigilance et de clairvoyance.

Marche à suivre

1) Prendre sans brusquerie la bouteille dans la cave et la porter couchée dans la même position. La laisser reposer debout de 1 à 5 jours, si possible sur la table à décanter, pour ne pas avoir à bousculer le vin à nouveau. Cette attente permet aux dépôts contenus dans le vin de se déposer au fond de la bouteille.

2) Découper la capsule sous le bourrelet de verre.

3) Essuyer le dessus du goulot avec une toile propre.

4) À l'aide d'un bon tire-bouchon, retirer doucement le bouchon, puis le humer pour vérifier si son odeur est bonne.

5) Essuyer à nouveau délicatement le goulot de la bouteille.

6) Placer la bouteille devant la flamme d'une bougie prévue à cet effet, de façon à surveiller la progression de la lie.

7) Transvaser le vin.

8) Incliner la bouteille en la tenant d'une main, sans bouger.

9) Verser très lentement; l'important est d'avoir un geste régulier et ininterrompu.

10) Incliner également la carafe.

Le vin glisse alors doucement, le dépôt se déplace, hésite un instant arrivé à l'épaule de la bouteille, puis s'avance en pointe vers le goulot. C'est alors qu'il faut s'arrêter. Plus tard, filtrer le restant de vin troublé et l'utiliser en cuisine.

Note: Un entonnoir à bec recourbé facilite le contact du vin avec les parois de la carafe et évite qu'il tombe brutalement. L'échange doit se faire sans rudesse.

LE SERVICE DU VIN

Le vin, matière vivante, accompagne la destinée de l'homme depuis les dieux de l'Olympe, à qui Ganymède versait l'ambroisie, jusqu'à nos tables où un sommelier, détenteur de secrets divins, nous verse un nectar patiemment affiné. À la maison, c'est à l'hôte que revient cette tâche.

Pour servir le vin à table, soulevez la bouteille avec précaution en la tenant par le milieu du corps et faites couler le liquide le long des parois du verre, sans prendre appui sur celui-ci. Relevez la bouteille dans un mouvement de rotation pour retenir la dernière goutte. Vous pouvez aussi l'essuyer discrètement avec le linge de service, ou utiliser éventuellement un anneau attrape-gouttes.

Quelle quantité servir ?

On ne remplit pas les verres à ras bord, un quart à un tiers suffit pour les dégustations. Dans le cadre d'un repas, un demi-verre convient. Mais tout cela dépend du type de verre et de sa capacité totale. Le volume d'air restant au-dessus du liquide va permettre au vin de s'aérer et de mettre en valeur ses arômes. Habituellement, on prévoit une bouteille pour 6 à 8 convives.

Combien de bouteilles ?

Pour un repas, une demi-bouteille par personne paraît raisonnable. Considérant que plus les convives sont nombreux, plus la consommation est élevée, il serait sage de prévoir une bouteille par personne. Ne les ouvrez pas toutes, gardez-les en attente au cas où... On remarque que l'on boit plus de vins légers et de vins ordinaires qu'un très grand vin, et davantage au début du repas qu'à la fin.

Ordre des vins

En général, il vaut mieux commencer par les vins mousseux, puis les vins blancs, les rosés et enfin les vins rouges. Bien entendu, selon la force de chacun. On va du frais au chambré, du plus léger au plus corsé, du plus jeune au plus vieux,

221

du plus sec au plus doux (sucré), avec cependant quelques exceptions. On pourrait dire que l'on va du plus faible au plus fort, en une progression agréable, sans oublier qu'un vin ne doit ni écraser, ni faire regretter l'autre.

Quels verres utiliser ?

Évitez les verres teintés, ceux à motifs ou les modèles à verre taillé qui déforment la couleur du vin. Ce fragile contenant, dont la transparence révèle toute la chaleur de la vigne, doit posséder trois éléments importants:

1) un verre incolore pour mieux apprécier la "robe" (couleur) du vin.
2) un volume assez grand pour contenir une quantité suffisante de vin.
3) des bords légèrement resserrés en haut, afin de retenir les substances volatiles et odorantes et mieux percevoir arômes et bouquet.

Méfiez-vous des trop grands verres; le bouquet est plus concentré dans un verre de taille raisonnable. Il en existe une grande variété sur le marché. Seuls quelques-uns sont très utilisés, comme le verre à vin rouge (de bonne taille), le verre à vin blanc (plus petit et plus étroit), le verre à eau, la flûte à Champagne (longue et fine pour retenir l'effervescence) et le verre à digestif (le plus petit de tous). Le verre à Whisky servira aussi de verre à eau et de verre à apéritif, en général.

Mais si vous devez n'en acheter qu'un, choisissez le verre universel, ou mieux encore le verre à dégustation normalisé INAO (Institut national des appellations d'origine). Il est simple, fin, léger et se prête bien au nez et à la bouche. Sa forme "tulipe" légèrement refermée à l'ouverture lui permet d'être employé indifféremment avec tous les vins et même le Champagne et les mousseux.

La place des verres

Comme au théâtre, les verres entrent et sortent de table suivant leur rôle. Au début, la table est remplie de verres, puis elle se vide au fur et à mesure de la sortie des acteurs. La place des verres se situe en haut et à droite de l'assiette. En règle générale, on les dispose dans l'ordre de leur utilisation à partir de la droite et en allant vers la gauche. On enlèvera ceux utilisés après chaque service. Vous choisirez leur forme en tenant compte des vins auxquels ils sont destinés.

Pour simplifier le service de la table encombrée par trop de verres et pour gagner de l'espace, voici quelques astuces. Vous pouvez disposer un seul verre par couvert, l'ôter après utilisation et le remplacer par un nouveau à chaque service de vin. Si vous servez le même vin durant le repas, inutile de le changer. Le verre à eau n'est pas indispensable sur la table, sauf dans les dîners très officiels. Mettez-le donc seulement à ceux qui vous le réclament. Ayez près de vous une carafe d'eau et quelques verres sur une desserte.

Un point important: il faudrait toujours servir le vin avant le plat ou le mets qu'il accompagne.

Comment tenir son verre

Maintenant que vous êtes devenu familier avec la manière de placer les verres selon leur forme et selon leur utilisation, il vous reste à savoir que le véritable amateur de vin ne tient pas son verre n'importe comment.
Ne vous laissez pas influencer par ceux qui, autour de vous, commettent l'erreur de tenir leur verre à vin (et non pas à Cognac) par la coupe. Il faut toujours tenir les verres à vin par la tige du pied ou le disque de la base, surtout dans le cadre d'une dégustation, afin d'éviter que les mains ne réchauffent les vins blancs ou qu'elles "surchauffent" les vins rouges.

Entretien des verres

Dans la mesure du possible, ne les lavez jamais au détergent. Passez-les à l'eau chaude exclusivement. Dès le débarrassage, rincez-les au plus tôt, ne laissez pas le temps à l'alcool de déposer des cernes sur les parois. Lorsque vous les rangez, placez-les toujours sur leur pied.

Le service du vin au restaurant

Afin de profiter pleinement d'un bon repas au restaurant, voici quelques attitudes suggérées.

Ne pas accepter:

– un vin blanc givré, car une température trop basse masque les défauts du vin et fait disparaître le bouquet.
– un vin rouge servi trop chaud, qui a été "chambré" en salle à manger à 24°C, température ambiante. La chaleur développe une forte présence d'alcool et d'acidité qui masquent les qualités du vin.

– le soi-disant sommelier qui tournicote la capsule en boucles savantes sur le goulot, pour le rendre plus beau. Demandez-lui gentiment de bien vouloir la couper sous le bourrelet pour l'enlever, surtout si elle est faite de matière métallique. Quand il sert le vin, il doit prendre garde que le liquide n'entre pas en contact avec les bords de la capsule, car cela risque de lui donner mauvais goût.

– que l'on remplisse votre verre à ras bord. Le vin a besoin d'un espace suffisant pour s'aérer et se développer pleinement.

– que le garçon vide la bouteille dans six verres, alors que vous êtes sept à table.

– que l'on vous serve le vin blanc avant qu'il n'ait atteint sa température de service. Demandez qu'on le laisse dans le seau plus longtemps. Le seau ne doit pas être rempli de glace vive mais bien mi-eau, mi-glace.

– d'être servi généreusement en attendant indûment que les plats arrivent.

Retourner:

– une bouteille décachetée à l'avance. Celle-ci doit être ouverte devant vous, après que vous ayez pris connaissance de l'étiquette, ceci afin d'éviter toute erreur de vin et de millésime.

– un vin "bouchonné" (forte odeur de bouchon, goût de bouchon).

– un Champagne sans bulles, un vin éventé, une bouteille sur les parois de laquelle des bulles se forment. Dans ce cas, le vin n'a pas été stabilisé, ou a été embouteillé trop tôt.

– un vin "piqué" (aigre et acide, légèrement pétillant).

"J'ai bu dans des verres si minces qu'on pensait les briser avec sa bouche avant même que les dents ne les touchent; et les boissons semblent meilleures là-dedans..."

André Gide

La contenance des bouteilles
par Charles Debeur

On se pose toujours la question à savoir quel est le nom d'une bouteille contenant telle capacité. *Les bouteilles* de Bourgogne, de Bordeaux, d'Anjou sont actuellement *normalisées* à 0,75 litre, soit 750 ml. Autrefois, les bouteilles d'Alsace faisaient 0,72 l et les bouteilles de Champagne 0,775 l.

Magnum: 2 bouteilles: 1,5 l
Jéroboam: 4 bouteilles: 3 l
Mathusalem: 8 bouteilles: 6 l
Salmanasar: 12 bouteilles: 9 l
Balthazar: 16 bouteilles: 12 l
Nabuchodonosor: 20 bouteilles: 15 l

Pour la petite histoire: **Jéroboam** (fondateur et 1er souverain d'Israël en -900 env.), **Mathusalem** (patriarche biblique), **Salmanasar** (nom de 5 rois assyriens de -1270 à -722), **Balthazar** (dernier roi de Babylone ?/-538 ou un des rois mages ?) et **Nabuchodonosor** (roi de Babylone -605/562 dont parle la bible).

LA DÉGUSTATION (anecdote)

Aux alentours de 1900, chez Maxim's je crois. Le prince de Galles, futur Édouard VII, dînait en compagnie d'un mentor, vieil aristocrate français. On servit un grand millésime d'un illustre château bordelais. Le prince prit son verre, s'apprêtant à boire:
– Oh! Prince, attendez! Un pareil vin ne se boit pas ainsi...
– Ah!
– Non. On le regarde, on fait jouer son incarnat, son rubis dans le cristal. Puis on le goutte, lentement, et ensuite...
– On le boit!
– Non, Prince...On en parle!

Anecdote racontée par R.J. Courtine

LA DÉGUSTATION DU VIN

Souvent, nous avalons notre vin d'un trait, distraitement, l'esprit ailleurs et nous nous privons d'un grand plaisir, celui de la dégustation. Un bon vin mérite mieux qu'un coup d'oeil et une déglutition rapide, une langue distraite et un nez paresseux. Prenons le temps de l'observer, de le mirer, de le goûter, de le mâcher, de le faire rouler, de l'avaler tendrement et d'être attentif à la sensation qu'il laisse en nous.

Comment l'aborder

De prime abord, la dégustation semble une activité réservée à une certaine élite. Pourtant, chacun de nous peut devenir un dégustateur acceptable en moins d'un an. Il suffit d'aimer le vin, de vouloir partager ses connaissances et ses hésitations avec d'autres, de se fier sans crainte à ses propres impressions ou de se ranger à celles des autres si elles corroborent les nôtres. Il faut goûter, regoûter, comparer et goûter encore. La dégustation demande de la pratique, de la concentration et surtout une excellente mémoire, car en réalité, nous "sentons" davantage les goûts.

Quant au vocabulaire utilisé à profusion par les connaisseurs, il sonne à nos oreilles de profane comme une langue étrangère. Le langage du vin s'exprime en images, en couleurs, en odeurs, en saveurs, etc. Mais quel que soit le vocabulaire, déguster demeure un plaisir. Toujours assoiffés de connaissances, les dégustateurs chevronnés recherchent la joie de la découverte, l'appréciation du goût et la comparaison avec d'autres expériences. Chaque fois renouvelé, différent selon le lieu et le moment, le vin est un ami que l'on aime pour sa constance, mais aussi pour sa versatilité.

Le cheminement de la dégustation fait appel à la vue (aspect visuel), au nez (aspect olfactif) et au goût (aspect gustatif).

L'ASPECT VISUEL se juge avec l'oeil. Il examine la robe, la limpidité et la viscosité du vin. La couleur du vin change avec l'âge et avec le temps, le vin rouge s'éclaircit puis brunit, le vin blanc fonce.

Les mots pour en parler:

Brillant: d'une limpidité parfaite.

Clair ou dépouillé: débarrassé des matières en suspension.

Dépôt: matières en suspension dues au vieillissement ou dépôts tartriques contenus dans le vin blanc. Sans dommage pour le vin.

Cristallin: d'une extrême brillance.

Limpide: d'une transparence impeccable.

Opalescent: comme voilé, avec des teintes laiteuses.

Terne: sans brillance, mais clair.

Trouble: limpidité imparfaite indiquant un vin qui a été secoué ou mal clarifié.

Tuilé: vin rouge à reflet brun orangé. Trahit souvent un vin oxydé.

Voilé: présente un trouble léger.

L'ASPET OLFACTIF se perçoit avec le nez. Celui-ci apprécie l'arôme et le bouquet à travers des senteurs qui nous rappellent par analogie les fruits, les fleurs, les herbes, le sous-bois, les épices, etc. ou d'autres moins agréables de moisi, de bouchon, de soufre, de vinaigre ou d'oeuf pourri.

Les mots pour en parler:

Aromatique: vin à l'odeur agréable et intense, laissant deviner le cépage d'origine. S'utilise surtout pour les vins jeunes.

Austère: vin rouge fort en tanin avec un bouquet pas encore formé.

Boisé: qui garde l'odeur du fût de chêne.

Bouchonné: odeur et goût de bouchon moisi.

Bouquet: ensemble des odeurs ou parfums acquis par le vin depuis la fermentation jusqu'au vieillissement.

Bouqueté: composé de plusieurs arômes faciles à identifier et se mariant bien entre eux. S'utilise surtout pour les vins vieux.

Fin: vin au bouquet subtil dégageant finesse et distinction.

Floral: dont le parfum rappelle les fleurs.

Soufré: provient de l'usage immodéré du soufre employé comme antiseptique. Cette odeur peut parfois s'éliminer après une aération.

Vineux: vin riche en alcool, corsé et capiteux, qui dégage une forte odeur de vin pas toujours heureuse.

L'ASPECT GUSTATIF implique à la fois la bouche et le nez. La bouche est sensible aux quatre saveurs de base: le salé, le sucré, l'acide et l'amer. D'autres informations peuvent cependant y être décelées comme le chaud, le froid, la texture (épaisse, fluide, rugueuse, etc.), l'astringence, etc. Quant aux odeurs que l'on peut y trouver, ce sont celles qui, de la bouche, reviennent dans le nez par l'arrière-nez (au fond de la gorge). On appelle cela la "rétro-olfaction".

Les mots pour en parler:

Acide: défaut d'un vin dont l'acidité naturelle est trop élevée.

Agressif: vin contenant trop d'acidité ou trop de tanins.

Aigre: goût vinaigré.

Alcooleux: taux d'alcool trop important.

Amaigri ou décharné: vin ayant perdu son caractère.

Amer: arrière-goût d'amertume laissé par des tanins trop forts.

Ample: vin très agréable renfermant des saveurs et des arômes riches et complets.

Âpre: sensation de langue râpeuse due à des tanins de basse qualité.

Astringent: vin trop chargé en tanins qui laissent dans la bouche une impression désagréable de sécheresse et la sensation de ne plus avoir de salive.

Attaque: premier contact avec le vin. À utiliser pour l'odeur ou le goût.

Capiteux: riche en alcool.

Charnu: qui a du corps et qui donne l'impression de bien remplir la bouche.

Charpenté: ayant une constitution solide et équilibrée. Ce vin peut se conserver longtemps.

Chaud: possédant, en général, un degré d'alcool élevé.

Concentré: très dense en bouche, saveurs riches et corsées, mais aussi très coloré.

Corsé ou étoffé: au caractère marqué, riche en alcool et qui remplit bien la bouche.

Court: qui ne laisse pas d'impression durable une fois avalé.

Doux: contenant une certaine quantité de sucre non transformé en alcool.

Élégant: fin, racé et harmonieux.

Équilibré: heureuse harmonie de tous ses éléments.

Faible: pauvre au goût, renfermant peu d'alcool. En fait, il lui manque de tout.

Frais: vin jeune fruité à l'acidité équilibrée.

Généreux: qui est corsé et riche en alcool sans être lourd.

Gouleyant: léger et frais, qui descend avec facilité dans la gorge.

Gras: moelleux, souple et charnu.

Léger: vin peu alcoolisé au caractère peu marqué mais pouvant être agréable.

Liquoreux: vin blanc onctueux et très sucré.

Long: dont on conserve longtemps le goût en bouche après l'avoir avalé. On trouve de la longueur dans les vins corsés et les grands vins.

Mâche: vin astringent qui donne l'impression qu'on peut le mâcher.

Maigre: vin très léger qui manque de couleur, de saveur et de corps.

Mince: qui manque d'alcool et a une structure déséquilibrée.

Moëlleux: on dit généralement qu'un vin est moelleux lorsque sa douceur se situe entre un vin sec et un vin liquoreux, mais il n'y a pas de réglementation précise à ce sujet.

Mou: qui manque de tanin, d'acidité donc de nervosité.

Nerveux: avec une saveur acide dominante, mais restant agréable en bouche.

Oxydé: vin vieux ou passé, probablement mal bouché ou mal entreposé, dont le goût rappelle un peu celui du

Madère. On dit habituellement qu'il est madérisé, terme que nous éviterons d'employer car peu flatteur pour les vins de Madère.

Passé: qui a dépassé la date limite jusqu'à laquelle on pouvait le boire.

Perlant: qualité ou défaut, légère effervescence voulue ou accidentelle.

Plat: sans intérêt, qui manque d'acidité ou qui ne pétille plus.

Plein: charnu avec de la mâche et qui a du corps.

Puissant: corsé et robuste, très concentré.

Pommadé: vin liquoreux ou moelleux dont la haute teneur en sucre masque le goût.

Rafle: (goût de) goût vert, herbacé, astringent d'un vin qui rappelle la présence de la rafle pendant la vinification.

Rond: souple et équilibré, dont les éléments sont bien mariés.

Sec: qui paraît non sucré.

Souple: bien équilibré, faible en tanin et en acidité.

Soyeux: velouté, rond et fin.

Tannique: vin équilibré avec une légère dominante d'astringence.

Vert: acidité dominante désagréable donnée par des raisins pas assez mûrs.

Vif: jeune, frais, agréable avec une bonne acidité.

Marche à suivre

Avant de déguster, il faut avoir la bouche vierge, s'abstenir de fumer, de sucer des bonbons, de boire un alcool trop fort. Ne pas être enrhumé ni porter un parfum pénétrant. Pour une dégustation, mangez trois ou quatre heures avant, n'arrivez pas l'estomac trop plein ou trop vide.

1) Remplissez le verre (si possible un verre à dégustation genre INAO) au tiers et saisissez-le par la base du pied.

2) Observez le vin sur un fond blanc, en inclinant le verre pour regarder la couleur, la limpidité, la profondeur et la viscosité. Les connaisseurs y trouvent des indications pour deviner l'âge. Un vin blanc clair annonce un vin jeune, un vin rouge aux reflets brunâtres ou tuilés dénote un vin plus vieux.

3) Faites tourner le vin en un mouvement circulaire tranquille pour libérer les arômes.

4) Piquez le nez dans le verre après avoir vidé l'air de vos poumons et inspirez profondément. Répétez cette opération plusieurs fois pour découvrir toutes les odeurs. Elles seront discrètes et courtes ou longues et puissantes.

5) Faites tourner le vin à nouveau mais plus brutalement, sans le vider sur la table, d'un mouvement plus sec.

6) Plongez une nouvelle fois votre nez dans le verre. Vous allez déceler d'autres odeurs, peut-être des qualités nouvelles ou des défauts que l'agitation brusque aura dégagés.

7) Prenez une première gorgée pour évaluer le vin. S'ajouteront alors la perception d'acidité, de sucre, de tanins et de minéraux.

8) Mâchez le vin, faites-le rouler et tourner partout dans votre bouche. Si vous le pouvez, aspirez une petite quantité d'air comme si vous vous gargarisiez. Les saveurs vont alors se combiner à la chaleur de l'alcool.

9) Pour terminer, avalez-le. C'est à ce moment-là que vous pourrez noter vos impressions. Fiez-vous à votre propre goût et à vos perceptions personnelles. Si possible, utilisez le vocabulaire du vin.

La dernière impression est celle qui reste après que l'on ait avalé. Il s'agit de la P.A.I. (persistance aromatique intense). Les grands vins persistent en bouche de 12 à 30 secondes, parfois plus, les bons vins un peu moins longtemps et les vins ordinaires ne laissent rien.

Si la persistance est longue, le langage devient imagé. On dit d'un vin qui s'épanouit dans la bouche qu'"il fait la queue de paon", que c'est "le petit Jésus en culotte de velours" ou plus simplement qu'"il est bien en bouche" et qu'"il est généreux".

FICHE DE DÉGUSTATION

Nom du vin:			Millésime:	
Appellation:			Pays:	
Producteur-Négociant:			% alcool	
Mise en bouteille:			Prix:	
Robe: Couleur: Intensité:				
Nez: Arôme: Bouquet: Intensité:				
Goût: Acidité: Amertume: Douceur: Équilibre: Corps:				
Jugement d'ensemble: Persistance du goût: Racé:				
TOTAL:				
Appréciation personnelle:				
Dégusté par:				
Conditions de dégustation: Servi avec: Provenance de la bouteille:			Date:	

Fiche de dégustation "Les Conseillers du vin".

Griserie ou sobriété ?

On dit que nos ancêtres buvaient dur et sec, malgré la désapprobation du clergé qui voyait là une source de turpitudes morales. Ils passaient des heures à préparer amoureusement leur vin de table. Ce vin, parfois alourdi de dépôts, riche en alcool, leur permettait de se soigner mais aussi de traverser plus agréablement les rudes mois de l'hiver. Aujourd'hui, nous n'avons pas les mêmes besoins; aussi devons-nous être plus sobres.

Prendre le temps

Un vin ne s'avale pas comme un jus de fruit. On le savoure doucement, religieusement, parfois en silence si on désire le goûter pleinement. Réservez vos bonnes bouteilles pour des convives qui apprécient ce don des dieux. Pour une tablée décontractée, servez un vin moins "compliqué". Mais quel qu'il soit, si vous le prenez à grandes lampées ou si vous l'avalez d'un coup, il peut vous arriver ceci: – l'estomac noyé, l'appétit s'envole – les sucs gastriques dilués trop rapidement, la digestion devient difficile – l'organisme n'ayant pas le temps d'assimiler l'alcool, on s'enivre rapidement – le sang intoxiqué vous réserve le lendemain une fameuse "gueule de bois" ou une grande fatigue.

N'oubliez pas non plus que l'alcool affaiblit les facultés mentales et les réflexes. Alors pourquoi prendre des risques...

"Dieu n'avait fait que l'eau, mais l'homme a fait le vin !"

Victor Hugo

ACCORD DES VINS ET DES METS

Un repas élaboré demande des vins en harmonie avec les mets servis. Par exemple, on peut simplifier en résumant les arrangements suivants:

- **Consommé, potages:** pas de vin.
- **Plats suivants:** poisson, poulet, dinde, cervelle, fruits de mer, viandes blanches: vins blancs secs ou rouges légers; viandes rouges, canard, oie et gibier à poil et à plumes: vins rouges secs plus charpentés.
- **Fromages:** grands vins blancs ou rouges secs suivant le fromage. Un vin blanc liquoreux sera aussi très bien avec certains fromages comme le Roquefort.
- **Desserts:** vins doux et liquoreux, Champagnes secs, demi-secs et doux, vins mousseux.

REMARQUE: Le Champagne peut être servi du début à la fin du repas. Avec un menu en conséquence, il fait merveille.

Il existe assez de vins de qualité et de types différents pour réussir le meilleur des arrangements possibles avec le menu choisi. La liste des suggestions suivantes n'est pas exhaustive mais peut donner une petite idée, pour commencer. Mais avant tout, il convient de respecter quelques principes de base simples:

1. Lorsqu'un mets est préparé avec un vin ou si la sauce est à base de vin, servir le même vin à boire, mais si possible dans un millésime plus ancien.

Signalons qu'il est inutile d'utiliser un vin vieux en cuisine. Mais, malgré ce que l'on en dit, il est indéniable qu'un bon vin transfère ses qualités au mets préparé. Néanmoins, un bon vin est inutile dans un plat relevé. Prendre alors soit un vin plus léger, soit un vin assez puissant pour faire face aux épices.

2. Les plats régionaux sont en général servis avec les vins de la même région.

3. En principe, il vaut mieux ne pas servir de vin avec les potages, les aliments vinaigrés ou acides, les artichauts, le fromage frais, le lait, les oeufs, le café, les crèmes glacées et les sorbets.

Entrées et hors-d'oeuvre

Bouquet de crevettes: blanc sec; Bourgogne, Bordeaux, Alsace (Riesling).

Bisque: blanc sec avec du corps; Pinot, Graves.

Caviar: Champagne, Meursault ou Vodka glacée.

Coquilles Saint-Jacques: Graves blanc, vin allemand, Anjou, Alsace.

Escargots: rouge ou blanc ayant un peu de corps; Chablis, Beaujolais, Meursault.

Foie gras: en entrée: Champagne ou un grand d'Alsace (Gewurztraminer), Côte-de-Nuits, Bordeaux blanc, Sauternes, Tokay Pinot Gris. S'il est servi après le rôti: Médoc, Côte-de-Beaune.

Cuisses de grenouille: vin blanc sec bien parfumé; Saint-Véran, Graves blanc, Sancerre.

Huîtres: blanc; Entre-deux-Mers, Chablis, vin d'Alsace, Muscadet.

Pâtés:
  Canard: Médoc, grand Bordeaux, Pomerol
  Foie: Bordeaux rouge
  Lièvre: Côtes-du-Rhône ou Pomerol
  Porc: Mercurey
  Rillette: Pouilly-Fuissé ou Chablis
  Cretons: Anjou sec.

Pour les pâtés de gibier, il est préférable de servir un rouge capiteux de Bordeaux ou de Bourgogne.

Saumon fumé: blanc sec et vigoureux à base de Sauvignon; Sancerre, Alsace, Chablis.

Poissons et crustacés

Aiglefin: blanc sec; Anjou, Sancerre, Meursault.

Brochet: rosé de Provence.

Cabillaud: blanc; Chablis, Graves.

Doré: amandine: Graves blanc; meunière: Alsace.

Éperlan: blanc sec.

Hareng: blanc acide; Bourgogne, Aligoté, Sauvignon.

Homard, langouste et crabe: un Champagne, un Vouvray ou un grand Bourgogne.

Merlan: blanc sec ou demi-sec; Sauvignon blanc, Graves, Mâcon, Vouvray.

Morue: Muscadet.

Moules: vin blanc sec ou rosé de Provence, d'Alsace, du Rhin, ou un Mâcon blanc.

Palourdes: blanc sec; Entre-deux-Mers, Alsace.

Saumon frais: grand Bourgogne blanc; Meursault, Aloxe-Corton ou Chablis Grand Cru.

Sole au beurre: Bourgogne blanc, Chablis, Alsace.

Truite: Bourgogne blanc; Pouilly-Fuissé, Chablis, Alsace.

Turbot: blanc sec et généreux; Meursault, Graves, Muscadet.

Volaille: en général un rouge ou un blanc sec.

Canard rôti: grand blanc d'Alsace, d'Allemagne ou encore d'Autriche. Un Bordeaux ou un Bourgogne.

Canard à l'orange: Gevrey-Chambertin, Saint-Estèphe ou Gigondas.

Dinde: du meilleur au plus humble, tous les vins sont bons, que ce soit un blanc sec ou un vieux rouge de qualité.

Rôtie: Pomerol; farcie: Médoc, Bordeaux.

Oie rôtie: Côte-de-Nuits.

Poulet: mêmes remarques que pour la dinde.

À la crème: blanc sec, Sancerre;

Au barbecue: Rosé de Provence ou Corbières;

Au cari: blanc sec, Sancerre, Muscadet;

Grillé: Bordeaux rouge ou Corbières.

Viandes blanches: nécessitent des vins rouges corpulents: Côte-de-Nuits, Hermitage, etc.

Porc:
Rôti: Bordeaux, Saint-Émilion, Pomerol. Si le rôti est servi avec une purée de pommes: vin franc et jeune, Beaujolais;

Côte de porc: Bordeaux;
Saucisse de porc: Beaujolais;
Boudin noir: Beaujolais.

Veau:
Rôti: Beaujolais ou Médoc;
Blanquette: Médoc, Beaujolais, Brouilly;
Osso-buco: Valpolicella;
Ris de veau: grand Gordeaux ou grand Bourgogne;
Rognons: Pomerol, Saint-Émilion, Rioja.

Lapin:
Sauté chasseur: Pomerol, Morgon, Côte-de-Bourg;
Civet: rouge corsé, Côte-de-Nuits, Côtes-du-Rhône.
À la moutarde: Beaujolais.

Viandes rouges: les vins rouges tanniques sont les mieux adaptés, tels les Saint-Émilion, Pomerol, Côtes-du-Rhône, etc.

Agneau et mouton:
Carré d'agneau: Médoc, Moulin-à-Vent;
Gigot: Bordeaux, Pauillac;
Grillé: Bourgogne rouge.

Boeuf:
Boeuf bourguignon: rouge vigoureux; Bourgogne ou Beaujolais Villages;
Boeuf Strogonoff: rouge corsé; Hermitage, Zinfandel.
Chateaubriand: Côte-de-Beaune;
Entrecôtes: rouges charpentés;
Bordelaise: Pauillac;
Béarnaise: Médoc;
Marchand de vin: Saint-Émilion;
Maître d'hôtel: Saint-Estèphe.

Filet de boeuf:
Filet mignon, tournedos: Côtes-du-Rhône;
Steak au poivre noir: jeune Côtes-du-Rhône rouge;
Pot-au-feu: Médoc ou Côtes-du-Rhône;
Rôti: vin rouge de toutes les qualités et de tous les millésimes; Steak tartare: rouge léger; Valpolicella, Crus du Beaujolais.

Gibier à plumes: vins rouges de haute qualité, tels que Gevrey-Chambertin, Chambolle Musigny, Volnay 1er Cru ou Hermitage.

Caille: Médoc, Côtes-du-Rhône, Tavel, Rosé de Provence.

Faisan:
À la crème: Meursault;
Rôti: Hermitage.

Oie sauvage:
Farcie: Côtes-du-Rhône, Côte-Rôtie;
Rôtie: Saint-Émilion ou Bordeaux rouge.

Perdrix:
En sauce: Côtes-du-Rhône ou grand Bourgogne;
Rôtie: Beaujolais ou Médoc.

Pigeon ou pigeonneau: aux petits pois; Bordeaux rouge, Cahors.

Gibier à poil: ces viandes fortes demandent de très

grands vins. Des rouges riches et corpulents tels les grands crus de Bourgogne conviendront bien: un vieux Pommard ou un Clos-Vougeot. Mais un Bordeaux conviendra également tel un Saint-Émilion ou un Pomerol.

Chevreuil:
Civet: Saint-Émilion;
Rôti: Côte-de-Nuits.

Le chevreuil peut être assimilé à l'orignal, même si cela en fait crier quelques-uns.

Lièvre: grand rouge avec beaucoup de bouquet; Gevrey-Chambertin.

Sanglier:
À la crème: grand Côte-de-Nuits;
Rôti: Côtes-du-Rhône ou Médoc.

Mets spéciaux et régionaux

Ailloli (Provence): Rosé de Provence ou Côtes-du-Rhône blanc.

Bouillabaisse (Provence): blanc sec ou rosé; un Bandol ou un Coteau Varois.

Cassoulet (Sud-Ouest de la France): rouge sec; Corbières, Zinfandel ou vin de Cahors.

Choucroute (Alsace, Allemagne): tous les vins blancs d'Alsace et d'Allemagne. On peut aussi la consommer avec de la bière.

Couscous (Afrique du Nord): vins rouges d'Afrique du Nord et les rouges du Languedoc (Corbières, Fitou, etc.).

Fondue au fromage (Suisse): blanc sec; vins suisses, Muscadet, Entre-deux-Mers.

Fondue bourguignonne: Bourgogne, Morgon.

Paella (Espagne): vins espagnols, rouges; Rioja, Campo Viejo ou Vinho Verde.

Goulasch (Pays slaves): Côtes-du-Rhône, Fleurie, Volnay.

Pizza (Italie): vin rouge ou rosé sec; vins italiens, Chianti, Côtes-de-Provence rosé.

Fromages: le fromage n'est pas toujours fait pour mettre le vin en valeur. Quelquefois, au contraire, c'est le vin qui rehaussera la finesse d'un fromage. Si le vin convient bien au fromage, l'inverse n'est pas tout à fait vrai. Contrairement à ce que l'on croit généralement, il n'est pas nécessaire que le vin servi avec le fromage soit un haut de gamme. Mais rien n'empêche de se faire plaisir. En fait, c'est par sa position dans la progression du repas que le fromage demande, en général, un vin qui fasse honneur à ses prédécesseurs et qui soit conforme au principe de la progression dans les qualités des vins servis. Autant que possible, essayez de servir des vins de la même origine que celle du fromage.

Pâte cuite: gruyère, emmenthal, édam, parmesan, etc.

Au choix: blanc sec: Chablis, Arbois blanc, vins suisses; rouge: Beaujolais, Saint-Émilion.

Pâte pressée: chester, cheddar, gouda, oka, port-salut, reblochon, tommes, saint-paulin, etc.

Rouge léger: Beaujolais ou Bordeaux rouge léger.

Pâte persillée: bleu d'Auvergne, roquefort, bleu de Bresse, gorgonzola, etc. Rouge corsé et puissant: Côtes-du-Rhône, Châteauneuf-du-Pape, Côte-Rôtie, Gigondas, Morgon; avec le roquefort, on peut s'offrir un Champagne. Pour les pâtes persillées, on peut aussi essayer un blanc liquoreux avec succès.

Pâte molle:
Croûte fleurie: brie: Médoc ou Beaujolais; camembert: grand Bourgogne, Morgon.
Croûte lavée: munster, livarot, maroilles, pont-l'évêque, etc.: rouge corsé, Côtes-du-Rhône, grand Bourgogne, Morgon. Le munster sera mis en valeur avec un grand vin d'Alsace (Gewurztraminer).

Fromages de chèvre: banon, pyramide, rouleau, etc.: vins blancs, rouges ou rosés secs et fruités des régions d'où proviennent les fromages, si possible. Mais un Alsace ou un Pouilly-sur-Loire Fumé seront les bienvenus.

Pâte fraîche: double crème et triple crème, boursin aux fines herbes, au poivre, etc.; pas de vin. Mais on peut essayer un vin blanc sec d'Alsace ou un vin autrichien.

Pâte fondue: rondin de Savoie, fromages au kirsch, aux noix, fromage fondu en portions triangulaires, etc.; vins rouges légers: Beaujolais nouveau, Anjou.

Desserts: on ne sert pas de vin avec les crèmes glacées ni les sorbets. Suivant le dessert, on servira un Champagne sec, demi-sec ou doux, ou encore un vin blanc doux et liquoreux.

Si l'on part du principe que le sucre tue le sucre, on évitera de servir un vin trop doux avec un dessert très sucré. On servira au contraire un vin riche en alcool.

Crème renversée, flan: Sauternes, Madère, Monbazillac.

Crêpes: Champagne doux, Asti-Spumante.

Fraises à la crème: Sauternes ou Vouvray, ou simplement de l'eau.

Gâteau au chocolat, mousse, soufflé: Banyuls, Maury.

Meringues: Champagne sec.

Moka: Vouvray doux pétillant.

Omelette norvégienne: pas de vin; si l'on veut, un Champagne sec.

Salade de fruits: pas de vin.

Tarte aux pommes: blanc doux.

Tarte aux fraises: Champagne.

Notes: _____

_____

_____

_____

_____

_____

_____

"Le caviste", illustration de Philippe Germain

LA CONSERVATION DU VIN

Un soir l'âme du vin chantait dans les bouteilles.

Baudelaire

Comment conserver une bouteille entamée

Que faire avec une bouteille de vin que vous venez d'entamer et que vous ne finirez pas le jour même? Quelle solution trouver pour conserver ce Porto si précieux ou ce vin délectable qui ont rendu le repas tellement harmonieux? Et ce Champagne si plein de vie pétillante dont vous caressez l'espoir de le savourer encore le lendemain?

Nous allons voir comment leur garder tout leur panache soit par une solution naturelle soit par une action mécanique. Si vous êtes de ceux qui finissent toujours leurs vins, sautez le chapitre suivant.

Méthode naturelle

Ayez toujours de côté une ou deux demi-bouteilles ou des quarts de bouteilles propres et une réserve de bouchons neufs. Rincez ce nouveau contenant à l'eau claire, puis avec un peu du vin que vous désirez garder. Transvasez le vin et bouchez hermétiquement avec un nouveau bouchon. Vous pouvez utiliser le bouchon d'origine, si celui-ci n'a pas été transpercé de part en part. Introduisez-le à l'envers et coupez l'extrémité sale sur une hauteur de 2 mm.

Si vous ne le dégustez pas le lendemain, il serait préférable de le conserver couché à l'abri de la lumière. Cette position est la plus sécuritaire. Une semaine semble être une limite raisonnable. Goûtez-le de temps en temps... pour voir... ou bien achetez un système de conservation mécanique.

243

Méthodes mécaniques

– Le **"Conservateur du vin"** se compose d'une vacu-pompe et de vacu-bouchons. La pompe, grande comme un tire-bouchon, évacue l'oxygène et le bouchon assure une fermeture totale de la bouteille. Pratique, abordable et d'utilisation facile.

– Le **"Private Preserve"**. Lorsqu'on ne peut finir une bouteille de vin entamée et qu'on veut la garder pour une autre occasion, on peut soit faire le vide d'air partiel (env. 70%) à l'aide d'une pompe et d'un bouchon spécial (Vacuvin), soit mettre un gaz lourd et inerte qui va se déposer sur la surface du vin et l'empêcher ainsi de s'oxyder. Ce dernier procédé était utilisé par la marque Préservin mais coûtait relativement cher. L'agent de vin David Pecchioli Salusbury, président de Toscan Vini, importe de Nappa Valley (USA) une petite bombe sous pression renfermant un mélange de gaz inerte non toxique, non inflammable et sans goût: azote, dioxyde de carbone et argon. On peut l'acheter à la SAQ à très bon prix. Sa capacité est d'environ 120 bouteilles. Info: 514-341-2368.

– Le **"Mini-vintage keeper"** ou mini-système verseur-conservateur s'installe dès l'ouverture de la bouteille. Il permet de servir le vin ou le Porto au verre et de conserver le reste de la bouteille jusqu'à une prochaine dégustation. Il comprend une petite bonbonne d'azote et autant de bouchons que de bouteilles à connecter. Une légère pression sur la clenche permet à l'azote d'expulser l'oxygène dont il prend la place instantanément. Ce mini-système de conservation prolonge la vie du vin dans la bouteille pendant 2 à 3 semaines en remplaçant l'air par l'azote. Pour un vin bien équilibré ou un Porto, on peut aller jusqu'à 3 ou 4 semaines. On recommande de ne pas excéder 7 à 10 jours pour les vins vieux. On peut l'employer pour tous les vins et les "Porto Vintage", mais on doit exclure les mousseux et, bien sûr, le Champagne.

Pour ce dernier, au risque de vous décevoir, je dois vous mentionner que la vieille méthode qui consiste à introduire la queue d'une cuillère dans l'ouverture du goulot n'a aucun effet sur la perte de pression ou de gaz. Seule l'utilisation du bouchon à champagne, vendu spécialement pour ce genre de bouteille, est valable. Il est esthétique, efficace, ferme hermétiquement et empêche le gaz de s'échapper.

La réserve

Qui n'a pas rêvé de posséder sa propre cave à vin, car une quantité appréciable de bouteilles prometteuses devient l'amie indispensable des passionnés de bons vins bus à maturité. Conservée dans une cave ou un cellier d'appartement ou plus modestement dans un vaste placard bien isolé, la réserve pourra remplir plusieurs fonctions: entreposer le vin de consommation courante ainsi que les vins prêts à boire ou stocker les bouteilles qui ont besoin de "se faire." Le choix de la destination ou plutôt la destinée de nos bouteilles est une affaire de goût personnel mais aussi de budget et d'espace.

On offre souvent aux consommateurs des vins prêts à la vente mais qui ne sont pas tous prêts à boire. Une bouteille sur trois est vidée trop jeune, une sur cinq trop vieille. Certains vins atteignent leur équilibre dès leur mise en marché. Il est inutile, voire préjudiciable, de vouloir les laisser vieillir sous peine de les voir perdre leur arôme fruité ou floral. D'autres, au contraire, demandent un repos de plusieurs années avant d'atteindre un certain équilibre. Cette période est variable d'un cru à l'autre et chaque millésime évolue différemment. Au moment de l'achat, demandez le potentiel de vieillissement du vin et notez-le sur votre livre de cave. Arrivé à cette date, goûtez une de ces bouteilles "pour voir". C'est pour cela qu'il est toujours préférable d'acquérir de 3 à 6 bouteilles au moins de chaque sorte.

La cave

La cave permet de déguster tôt ou tard de grands vins à un prix avantageux en les achetant jeunes. Arrivés à maturité, ils sont souvent très chers. Il suffit pour s'en convaincre de suivre une vente aux enchères. Leur valeur augmente chaque année de façon appréciable. On peut aussi saisir des occasions. Par exemple, il arrive que la SAQ mette sur ses tablettes de bonnes bouteilles à un prix minime, le temps de tester le marché. Selon le résultat obtenu, elles seront supprimées ou subiront une augmentation. Une réserve permet surtout d'avoir à sa portée une bonne quantité de vin que l'on aime, sans être tributaire du prix d'achat, des ruptures de stock et des disponibilités des points de vente.

La température idéale d'une cave se situe autour de 10° à 12°C avec une variation annuelle de 6°C, suivant progressivement le cours des saisons. À tout prendre, mieux vaut une température stable de 16° à 18°C à longueur d'année que de brusques et fréquents écarts qui traumatisent le vin. Au-dessous de 6°C, le froid stoppe l'évolution du vin. Il peut même se former des cristaux, surtout dans les vins blancs. Au-delà de 18°C, le processus de vieillissement est accéléré et le vin se conserve très mal.

L'humidité doit varier de 60% à 70%. Un bouchon humide assure une fermeture hermétique. C'est pour cette raison que l'on doit coucher les bouteilles. Un bouchon sec diminue de volume et devient non étanche. Le vin s'évapore tandis que l'oxygène pénètre dans la bouteille provoquant une oxydation néfaste. Il arrive qu'une trop grande humidité apporte des odeurs de moisi et de pourriture.

Les odeurs extérieures peuvent communiquer un mauvais goût au vin. Donc, sous prétexte d'une bonne aération qui élimine les odeurs en renouvelant l'air, ne confondez pas cave et garde-manger ou débarras d'entreposage.

La lumière joue un rôle important dans la conservation du vin. Évitez d'exposer les bouteilles à la lumière. Obscurcissez les fenêtres, sinon votre vin s'altérera.

Les vibrations sont aussi ennemies du vin. Elles contrarient le processus de vieillissement. C'est surtout vrai pour les vins vieux qui ont accumulé des dépôts, car les trépidations les maintiennent en suspension.

On installera donc la cave loin
– de la tuyauterie de chauffage (chaleur)
– d'une fenêtre (courants d'air et lumière)
– d'une buanderie (odeurs et vibrations)
– d'un escalier (trépidations)
– d'un garage (odeurs)
– enfin, de tout lieu pouvant altérer la qualité de l'entreposage du vin.
Choisissez un angle de votre sous-sol au nord-est si possible, ou en tout cas celui le moins exposé au soleil. Votre principal souci sera l'isolation, isolation contre le gel en hiver et contre la chaleur en été. Pour une isolation maximale, prévoyez d'isoler aussi les murs à l'extérieur. Il vous faudra du "Styrofoam bleu" de 4 pouces d'épaisseur + une épaisseur de 3 1/2 pouces pour les murs et la porte ainsi que 9 pouces de laine minérale pour le plafond. Des spécialistes peuvent l'installer pour vous. Les prix varient selon les matériaux choisis et si vous ajoutez ou non des systèmes de réfrigération.

Le cellier d'appartement

C'est l'idéal pour les locataires, pour ceux vivant en appartement, mais également pour ceux qui n'ont qu'une petite réserve de bouteilles à abriter. Mi-armoire, mi-réfrigérateur, de style moderne ou de facture ancienne, il pourra s'intégrer partout. Il existe en trois formules.
1) Le cellier de vieillissement à une seule température réglable.
2) Le cellier de conservation à trois niveaux de température (8°, 12°, 16°C) avec un compartiment de chambrage et un autre de rafraîchissement.
3) Le cellier de service à trois températures avec treize étagères (une par rangée de bouteilles).
Réunissant les conditions idéales de température, hygrométrie, aération et obscurité, ils sont montés de façon à éviter toute vibration. Équipés de filtres, ils ne présentent aucun risque de mauvaises odeurs.

La vinothèque

À défaut de ces deux solutions, vous pouvez toujours aménager un placard dont un mur, sinon deux, donnent sur l'extérieur. Utilisez des coupe-froid pour les ouvertures et des plaques de "Styrofoam bleu" pour les murs et cloisons. En été, si vous devez augmenter l'humidité, placez sur le sol un bac d'eau rempli de charbon de bois. Le charbon évitera la pourriture. Changez l'eau aussi souvent que nécessaire. Cette installation remplacera un cellier de conservation pour une consommation de vins prêts à boire.

Un verre qui respire

Aussi bizarre que cela puisse paraître, voici un verre qui respire, un verre qui aère le vin plus efficacement que dans une carafe. Il s'agit du **Breathable Glass**. Nous avons fait le test avec celui-ci et un autre verre de même forme et approximativement de même volume, un verre **Riedel**. Nous avons versé la même quantité de vin rouge **Antic 2003, Sélection Francis Cabrel et Mathieu Cosse**, un vin de pays de l'Hérault (France). Dans le *Riedel,* le vin présentait des arômes d'entrailles (animal), d'alcool, de fruits rouges, et en bouche il s'est révélé rustique avec des tanins durs et asséchant. Dans le *Breathable Glass,* le nez était plus complexe  et harmonieux, le fruit était plus explosif aussi avec, en bouche, des tanins plus souples, des notes de grillé et une très belle longueur. Le test semblait concluant. Ce verre est en vente dans les boutiques d'accessoires en vin. *Voir les adresses page suivante.*

LES AMIS DU DÉGUSTATEUR

La pratique: ne buvez jamais un vin distraitement, prenez le plaisir de le regarder, de le humer, de le goûter pleinement avant de l'avaler.

Les revues et les livres spécialisés: ils vous permettront de mieux connaître le vocabulaire du vin, petit à petit vous pénétrerez tous les mystères de ce monde "grisant".

Le coffret d'odeurs ou "Le Nez du vin" de Jean Lenoir. Ces coffrets d'odeurs sont en vente dans les boutiques spécialisées en accessoires à vin. Ils contiennent de 12 à 54 flacons d'arômes différents. À l'intérieur, vous trouverez des fiches expliquant pourquoi on retrouve ces odeurs caractéristiques dans les vins. Le principe est simple: vous humez un flacon à l'aveugle, vous devinez l'odeur puis vous vérifiez si c'est correct. Voilà un moyen facile, amusant et pratique pour exercer sa mémoire. Vous deviendrez ainsi familier des odeurs d'abricot, de mûre, de rose, de pivoine, de noix, de sous-bois... et même de bouchon.

Les boutiques spécialisées

Dans la liste de boutiques spécialisées qui suit, vous trouverez chez elles, indifféremment ou presque, la plupart des accessoires et systèmes nécessaires à la présentation, à la préservation, à la conservation et à l'entreposage du vin.

- AUX PLAISIRS DE BACCHUS
  1225, av. Bernard Ouest, Outremont 514-273-3104
- DESPRÉS LAPORTE
  994, bd Curé-Labelle, Chomedey, Laval 450-682-7676
  et 1-877-682-7676
- 12° EN CAVE
  367, rue Saint-Paul Est, Montréal 514-866-5722
- L'ÂME DU VIN
  14, bd Desaulniers, Saint-Lambert 450-923-0083
- VIN ET PASSION
  1910, av. Pierre Péladeau, Laval 450-781-8467
  Promenades Saint-Bruno
  1, bd des Promenades, Saint-Bruno-de-Montarville
  450-653-2120

- VINUM DESIGN
  1480, rue City Councillors, Montréal 514-985-3200
- VINUM GRAPPA
  1261, av. Maguire, Sillery 418-650-1919

Cours et dégustation

Si vous avez attrapé le virus de la découverte du vin ou de la bière, le désir vous prendra de pousser plus avant vos connaissances. Un cours de dégustation vous conduira sur la route des cépages ou celle des céréales et du houblon et vous apprendrez à reconnaître les caractéristiques de chacun. Comme pour le début de la dégustation, il vous faudra une bonne mémoire visuelle (vue), olfactive (odorat) et gustative (goût).

Cours sur les vins

- Académie culinaire de Montréal 514-393-8111
- Académie culinaire de Québec 418-780-2211
- Amicale des Sommeliers du Québec, section Montréal
  514-522-7020
- Association Canadienne des Sommeliers Professionnels
  450-621-5272
- Collège LaSalle 514-939-2006
- Commission scolaire des Chênes,
  Drummondville 819-478-6700
- École des Maîtres Montréal 514-849-2828
- École hôtelière des Laurentides 450-240-6222
- ITHQ 514-282-5113
- Les Belles Soirées 514-343-2020
- Les Conseillers du Vin 514-271-2175
- SAQ, Les connaisseurs 514-873-8638

Cours sur les bières

- Bières et Conseils Daniel Bilodeau 514-323-0047
- ITHQ 514-282-5113
- SAQ, Les connaisseurs 514-873-8638

CARTE
DES MILLÉSIMES

CARTE DES MILLÉSIMES - VINS D'AUSTRALIE

VINS BLANCS D'AUSTRALIE	1992	1993	1994	1995	1996	1997	1998	1999	2000	2001	2002	2003	2004	2005	2006
Barossa Valley	8	8	8	7	8	8	7	7	7	6	8	7	7	8	7
Clare Valley	8	9	8	9	7	9	8	7	7	7	10	10	8	9	7
Coonawarra	7	7	6	6	7	8	8	7	7	6	8	8	6	7	6
McLaren Vale	9	9	8	7	8	9	8	8	6	6	8	7	7	8	7
Riverland	8	7	9	6	8	9	8	8	7	7	9	9	8	9	8
Lower Hunter Valley	.	.	.	.	.	.	.	.	.	.	7	7	8	9	7
Upper Hunter Valley	.	.	.	.	.	.	.	.	.	.	7	8	8	9	7
Riverina	8	7	7	8	9	9	7	8	7	6	8	7	8	6	7
Murray Darling	8	7	9	7	7	9	8	7	7	7	8	6	7	8	9
Yarra Valley	8	6	7	8	7	8	8	7	8	6	9	9	8	9	9
Margaret River	8	7	8	7	8	8	8	8	8	6	8	8	8	9	9
Northern Tasmania	.	.	.	.	.	.	.	.	.	.	9	7	8	9	7
Southern Tasmania	.	.	.	.	.	.	.	.	.	.	9	7	8	9	8

VINS ROUGES D'AUSTRALIE	1992	1993	1994	1995	1996	1997	1998	1999	2000	2001	2002	2003	2004	2005	2006
Barossa Valley	8	7	7	6	9	8	9	8	6	8	10	7	9	7	8
Clare Valley	9	6	8	6	9	7	8	8	7	7	10	8	9	9	8
Coonawarra	7	7	9	7	8	8	10	8	7	7	9	9	7	8	7
McLaren Vale	8	7	10	7	9	9	9	8	7	7	9	8	9	8	8
Riverland	9	7	8	7	8	9	8	7	6	6	10	8	8	8	9
Lower Hunter Valley	.	.	.	.	.	.	.	.	.	.	8	10	8	7	6
Upper Hunter Valley	.	.	.	.	.	.	.	.	.	.	7	8	6	7	6
Riverina	8	6	8	8	9	8	9	8	7	7	10	7	7	6	6
Murray Darling	9	8	8	7	8	8	9	8	6	6	9	7	7	8	8
Yarra Valley	8	6	8	7	9	8	9	8	9	7	9	9	10	9	9
Margaret River	8	8	9	8	8	8	7	9	9	8	8	8	9	9	7
Northern Tasmania	.	.	.	.	.	.	.	.	.	.	9	7	6	10	8
Southern Tasmania	.	.	.	.	.	.	.	.	.	.	9	8	7	10	9

★ La classification est faite de 1 à 10, 10 représentant la plus grande qualité.
*Renseignements communiqués par **Australian Trade Commission**. Toronto Ont. **Tél.: 416-323-1155***

Note: En ce qui concerne les cartes des millésimes, **les appréciations des années ne doivent pas être prises au pied de la lettre. Ce ne sont que des indications très générales.** Certains vignerons peuvent avoir mal vinifié de bonnes années, tandis que d'autres, grâce à leur savoir-faire et leur talent, peuvent produire de bonnes bouteilles, très honorables, dans une mauvaise année. C'est donc encore une fois au consommateur qu'il revient de se faire une opinion par la dégustation. Les évaluations des cartes peuvent également changer d'une année à l'autre, parce que le vin, organisme vivant, évolue lui aussi.

CARTE DES MILLÉSIMES - VINS DE CALIFORNIE

VINS DE CALIFORNIE	1990	1991	1992	1993	1994	1995	1996	1997	1998	1999	2000	2001	2002	2003	2004	2005
CALIFORNIE CÔTE NORD (Carneros, Monterey, Napa, Paso Robles, Santa Barbara, Sonoma)																
Cabernet Sauvignon (Napa)	3	4	4	3	★	★	★	★	3	★	3	4	4	3	4	.
Cabernet Sauvignon (Sonoma)	3	3	3	3	3	3	3	4	3	3	3	3	3	3	3	.
Chardonnay (Carneros)	.	.	.	.	.	.	★	★	3	3	★	4	★	4	4	3
Chardonnay (Napa)	.	.	.	.	.	.	★	★	3	3	3	3	4	3	4	3
Chardonnay (Santa Barbara)	.	.	.	.	.	.	★	★	3	4	3	3	4	3	3	3
Chardonnay (Sonoma)	.	.	.	.	.	.	★	★	3	4	3	4	★	3	★	4★
Merlot (Napa)	.	.	.	.	.	.	3	3	3	3	3	3	3	3	.	.
Merlot (Sonoma)	.	.	.	.	.	.	3	3	2	3	3	3	3	3	.	
Pinot Noir (Carneros)	.	.	.	.	.	.	3	3	3	3	3	3	3	3	.	
Pinot Noir (Monterey)	.	.	.	.	.	.	3	3	3	3	4	4	4	4		
Pinot Noir (Santa Barbara)	.	.	.	.	.	.	3	3	3	3	3	4	4	4	.	
Pinot Noir (Sonoma)	.	.	.	.	.	.	3	3	3	3	3	4	4	4	.	
Syrah (Napa)	.	.	.	.	.	.	4	3	4	4	★	★	4	★	.	
Syrah (Paso Robles)	.	.	.	.	.	.	3	3	3	3	3	3	3	4	.	
Syrah (Santa Barbara)	.	.	.	.	.	.	3	3	3	3	3	3	3	3	.	
Syrah (Sonoma)	.	.	.	.	.	.	3	3	3	3	3	★	4	4	.	
Zinfandel (Napa)	.	.	.	4	4	3	3	3	3	3	3	3	3	3	.	
Zinfandel (Sonoma)	.	.	.	3	4	3	3	3	3	3	3	3	3	3	.	

★ Légende: ★ exceptionnel; 4 excellent; 3 bon à très bon; 2 moyen; 1 pauvre.   *Source: **Wine spectator***

CARTE DES MILLÉSIMES - VINS D'ESPAGNE

VINS D'ESPAGNE	1984	1985	1986	1987	1988	1989	1990	1991	1992	1993	1994	1995	1996	1997	1998	1999	2000	2001	2002	2003	2004	2005
Alella	3	3	3	3	3	4	4	5	3	5	4	4	4	5	5	4	5	5	4	4	4	5
Alicante	2	3	2	4	3	3	4	3	3	3	3	3	3	3	4	4	4	4	3	3	4	4
Carinena	3	5	2	4	4	3	4	4	4	4	3	3	4	2	5	3	4	5	4	3	5	.
Jumilla	3	4	2	4	3	3	4	4	3	4	4	3	4	5	4	4	3	3	4	5	4	
La Mancha	4	3	3	4	3	4	4	3	4	5	4	4	4	5	4	4	4	4	4	4	5	4
Navarra	4	3	3	3	4	4	3	3	3	4	4	5	4	3	4	4	5	4	3	5	5	
Penedes	4	5	3	3	4	4	4	3	4	4	4	4	4	5	.	4	4	.	4	.	4	
Priorato	3	4	3	3	3	3	3	4	5	4	5	5	3	5	4	4	5	3	4	5	5	
Ribera del Duero	2	4	5	3	4	5	3	4	3	2	4	5	5	3	4	5	4	4	4	4	5	5
Rioja	2	3	3	4	3	3	3	4	3	3	5	5	4	3	4	3	5	3	5	3	5	5
Rueda	3	3	3	4	3	3	3	3	3	4	3	4	4	4	4	4	3	4	4	4		
Tarragona	4	3	3	3	4	3	3	3	3	3	4	4	3	4	4	4	3	4	3	4		
Utiel-Requena	3	3	2	4	3	2	3	3	4	3	4	4	3	4	4	4	5	5	4	3	5	
Valdepenas	5	2	4	4	4	5	4	4	3	5	3	4	4	3	4	4	4	4	4	5	4	
Valencia	3	3	3	4	2	2	3	3	3	4	4	3	4	3	4	4	5	4	4	4	5	
Yecla	3	4	3	2	3	3	3	3	3	3	4	4	3	4	4	5	4	4	4	.		

★ Légende: 1 inférieur; 2 moyen; 3 bon; 4 très bon; 5 excellent.

*Source: **Commercial office of Spain**. Toronto Ont. **Tél.: 416-967-0488**.*

*Quand le vin est tiré il faut le boire,
surtout s'il est bon.*

Marcel Pagnol
César

CARTE DES MILLÉSIMES - VINS DE FRANCE

★ Années prestigieuses: 1921, 1928, 1929, 1945, 1947, 1949, 1955, 1959, 1961, 1966, 1970 ★

VINS DE FRANCE		1986	1987	1988	1989	1990	1991	1992	1993	1994	1995	1996	1997	1998	1999	2000	2001	2002	2003	2004
Bordeaux rouges		4	2	3	★	★	2	2	3	3	4	4	3	4	3	★	4	3	4	4
Sauternes, Barsac, autres liquoreux		4	2	★	★	★	3	1	1	2	4	4	4	3	4	2	★	4	.	.
Bordeaux blancs secs		3	3	3	3	3	3	3	3	3	3	3	4	4	3	4	3	3	★	4
Bourgognes rouges		3	1	4	4	★	2	3	3	2	3	4	3	3	4	4	3	4	4	3
Bourgognes blancs		3	2	4	★	4	2	4	3	3	3	3	4	4	4	3	4	4	★	4
Crus du Beaujolais		.	.	.	4	4	3	1	2	3	4	3	2	3	4	★	2	2	4	3
Vallée du Rhône Septentrionale		3	1	2	3	★	2	1	2	3	4	4	4	★	3	3	3	2	4	4
Vallée du Rhône Méridionale		3	1	2	3	★	1	1	2	2	★	4	3	4	3	4	3	3	2	4
Alsace		2	3	★	★	★	3	3	3	3	4	★	4	3	★	4	4	3	4	
Val de Loire rouges		2	2	4	★	★	3	3	2	1	★	★	★	3	3	3	4	4	3	4
Val de Loire Liquoreux		4	2	4	★	★	2	2	3	1	★	4	★	3	2	2	3	4	3	4
Val de Loire blancs secs et rosés		3	.	2	4	4	.	.	1	1	3	★	4	3	3	3	4	3	4	
Menetou-Salon, Pouilly-Fumé, Quincy, Sancerre		.	.	.	★	★	3	2	3	3	4	4	3	★	4	★	3	4	.	.
Savoie	blancs, rouges et rosés	.	.	.	.	.	.	.	.	.	3	1	1	3	2	2	.	.		
Jura	blancs, rouges et rosés	.	.	.	4	★	3	2	2	3	3	4	★	4	3	3	2	2	.	.
Provence, Côte d'Azur, Corse	rouges	.	.	3	4	4	2	2	3	3	3	3	2	4	2	★	★	2	4	4
	blancs et rosés	.	.	3	4	3	1	2	3	2	2	2	2	4	2	4	4	2	4	4
Languedoc Roussillon	Cabardès, Corbières, Coteaux du Languedoc, Côtes du Roussillon, **rouges**					3	2	3	3	4	2	2	★	3	★	4	3	4	4	
	blancs et rosés					3	2	3	3	2	3	3	2	2	3	2	4	4	4	4
Vins du Sud-Ouest	Béarn, Bergerac, Buzet, Cahors, Duras, Frontonnais, Gaillac, Irouléguy, Jurançon sec, Marcillac, Madiran, Marmandais, Percharmant, Tursan **rouges**					1	2	3	4	4	3	4	3	4	3	4	4		
	blancs secs et rosés					.	.	.	.	★	4	3	4	3	3	3	4	4		
	Côtes de Bergerac, Jurançon, Monbazillac, Pacherenc, Saussignac **blancs moelleux et liquoreux**					3	2	3	4	★	3	4	3	3	3	★	3	4	4	
Champagne	Les millésimes sont les meilleurs années. Actuellement 1990 (★) et 1995 (★), 1996 (★). Les "sans années" sont généralement des assemblages suivis par chaque maison																			

La liste des appelations mentionnées ci-dessus n'est pas restrictive.

Légende: ★ année exceptionnelle
4 grande année; 3 bonne année
2 année moyenne; 1 petite année

2005

un grand millésime pour Bordeaux

Le millésime 2005 des vins de Bordeaux peut être regardé comme un très grand millésime qui donnera des vins structurés et parfumés. Il prend place, d'ores et déjà, parmi les plus grandes années depuis un demi-siècle. Les meilleures bouteilles sont assurées d'une longévité exceptionnelle, pour peu qu'elles soient conservées dans une bonne cave. *(Source: Conseil Interprofessionnel du Vin de Bordeaux)*

CARTE DES MILLÉSIMES - VINS D'ITALIE

VINS ROUGES D'ITALIE d'appellation DOC et DOCG	1985	1986	1987	1988	1989	1990	1991	1992	1993	1994	1995	1996	1997	1998	1999	2000	2001	2002
Aglianico del Vulture	4	4	3	3	1	4	3	3	4	4	3	2	4	3	3	3	4	2
Alto Adige Lagrein	4	3	2	4	3	4	2	2	3	3	4	3	4	2	3	4	2	3
Barbaresco	4	3	2	3	4	4	2	2	3	2	3	4	4	4	4	4	3	3
Barbera D'Asti	4	2	2	4	4	4	2	2	2	3	3	3	4	4	3	4	3	2
Barolo	4	3	2	3	4	4	2	2	3	2	3	4	4	4	4	4	3	3
Bolgheri Rosso Superiore	4	2	3	4	2	3	3	2	3	3	4	3	4	4	3	4	4	2
Breganze Cabernet Sauvignon	3	3	2	3	4	3	3	4	3	3	4	3	4	2	3	4	3	1
Brunello di Montalcino	4	3	2	4	2	4	2	1	4	3	4	3	4	3	4	2	3	2
Cannonau di Sardegna	2	4	2	3	3	3	2	3	2	3	3	3	4	3	3	3	3	3
Castel del Monte Rosso	4	3	2	3	3	3	3	2	4	4	3	3	4	3	4	4	4	3
Cerasuolo di Vittoria	.	.	.	.	.	3	2	4	3	2	2	3	2	4	3	3	4	3
Chianti Classico	4	3	2	4	2	4	2	1	3	2	4	3	3	3	4	3	4	2
Ciro	3	3	3	4	3	3	3	4	4	4	4	4	4	3	3	3	3	2
Colli Orientali del Friuli Rosso	3	4	3	4	2	3	3	.	.	.	2	3	4	2	4	4	4	4
Colli Piacentini Gutturnio	.	.	.	.	.	2	3	1	2	2	3	3	4	3	2	4	2	2
Dolcetto D'Alba	.	.	.	.	.	3	3	2	3	2	3	3	4	4	4	4	3	2
Friuli Isonzo Merlot	3	4	3	4	2	3	3	3	3	3	3	4	4	2	4	4	3	3
Gattinara	4	3	2	3	3	4	2	2	3	3	3	3	3	4	4	4	3	2
Montefalco Sagrantino	4	3	3	4	3	3	2	3	3	3	4	2	4	4	3	4	4	2
Montepulciano D'Abruzzo	3	4	3	4	1	4	3	3	4	3	3	1	4	3	2	4	4	3
Primitivo di Manduria	.	.	.	.	.	3	4	2	2	3	2	3	4	3	3	4	3	2
Rosso Conero	4	1	2	3	1	4	2	2	4	3	2	1	4	4	2	4	4	3
Sangiovese di Romagna	4	2	3	4	3	3	3	2	4	3	3	3	4	4	3	4	4	2
Taurasi	4	3	4	4	3	4	3	3	4	4	3	3	4	4	3	4	3	2
Teroldego Rotaliano	3	2	1	4	2	4	3	3	3	3	3	3	2	4	4	4	3	3
Torgiano Rosso Riserva	4	3	3	4	2	4	3	4	4	4	4	4	3	3	4	4	3	3
Trentino Rosso	4	2	2	4	2	3	2	3	2	3	4	3	3	2	4	2	2	2
Valpolicella	.	.	.	,	.	.	4	3	3	3	3	3	3	4	4	3	4	3	2
Valpolicella Amarone	3	3	2	4	1	4	2	3	3	3	3	3	4	4	3	4	3	2
Valtellina Superiore	3	4	2	4	3	3	2	2	1	3	4	3	4	2	3	2	4	4
Vino Nobile di Montepulciano	4	3	3	4	1	4	2	2	4	4	4	3	4	3	4	3	4	2

★ Légende: 1 = Année médiocre   3 = Très bonne année
2 = Année passable à bonne   4 = Année excellente

Bas-relief illustrant la célébration de la vigne et du vin
(Collection Domaine de la Citadelle, France)

LE PETIT DEBEUR - GUIDE PRATIQUE

Également, aux Éditions Debeur:

Le **GUIDE DEBEUR, Revue gourmande annuelle, 16,95$**, 224 pages, 15 x 23 cm(*)

Doyen des guides gastronomiques québécois, cet ouvrage de référence incontournable est la bible sympathique du gourmet avisé. Ce guide, traité un peu à la manière d'un magazine annuel mais en format livre, présente une liste d'environ 500 restaurants étoilés de plusieurs villes du Québec (les évaluations s'échelonnent de 1 à 4 étoiles), avec des index des établissements qui reçoivent des groupes, ceux où l'on peut danser, ceux qui offrent une terrasse, ceux qui ont un menu pour enfants, ceux où l'on peut manger à 12$ et moins ou encore ceux qui offrent un brunch. On y trouve également une foule d'articles, des critiques de restaurants et des listes de référence. Cet ouvrage est mis à jour chaque année.

MES NOTES DE DÉGUSTATION
9,95$, 144 pages, 13,3 x 20,4 cm(*)

Un carnet très pratique pour écrire ses **notes personnelles de dégustation et coller ses étiquettes pour les vins, bières et spiritueux.** Ce carnet comporte **également un mini-guide pratique** sur la dégustation et les mots pour en parler. Un modèle d'utilisation y est même proposé.

Les Lettres Gastronomiques
4 pages, 21,6 x 28 cm, sur abonnement seulement
32,95$ T.T.C. pour 22 numéros par an

Lettres d'informations gastronomiques et vineuses, publiées aux 15 jours. Elles offrent **une information de choix qui colle à l'actualité et au quotidien.** Faciles à lire, **Les Lettres Gastronomiques** sont une mine de renseignements et une "bible" de référence pour les amateurs de bonne chère et de bons vins.

Pour s'abonner, écrire ou téléphoner aux Éditions Debeur, 855, rue Verdure, Brossard QC J4W 1R6.
Tél.: 450-465-1700 ou télécopieur: 450-466-7730.

Site Internet: www.debeur.com

(*): En vente dans toutes les bonnes librairies et boutiques d'accessoires de vin du Québec.